分析的道德之語言之研究
——以赫爾的《道德之語言》爲對象

吳汝鈞　提要與評論
吳汝鈞、韋漢傑　翻譯

臺灣學生書局印行

譯者序

吳汝鈞

　　在二十世紀的英語的倫理學界，有幾個主流思想。其一是摩爾（G. E. Moore）、培利察（H. A. Prichard）等人的直覺主義（Intuitionism）；其二是邏輯實證論者史提芬遜（C. L. Stevenson）所代表的情緒主義（Emotivism）；另一則是赫爾（R. M. Hare）的那一套說法。赫爾的說法，有人稱為規範主義（Prescriptivism）、後設倫理學（Meta-ethics）或分析的倫理學（Analytical Ethics）。這種分析的倫理學基本上是要以分析哲學的立場與方法，來研究倫理學的問題，特別是分析倫理的或道德的語言在我們日常生活中所表示的涵義。例如，在「你不應該在車廂內吸煙」一日常的語句中，「不應該」是一道德的詞彙；它所表達的涵義，是勸誡的？祈使的？命令的？強制的？或表示說者的主觀的心理要求？或表示一普遍的行為的原則？這都需要細心分析。像這類道德的詞彙的例子很多，如「善」、「好的」、「責任」、「義務」、「正當的」和「應該」，等等，它們在我們日常語言的涵義，都是分析的倫理學所要研究的。故分析的倫理學可以說是分析哲學中的語言分析，或倫理語言的分析。它和傳統倫理學的不同處，在於它並不直接討論倫理的或道德的問題，例如善的本質、最高善的問題，或人應該怎樣生活才有意義

那種，卻是分析道德的語言在我們日常生活中所具有的可能的涵義。這是一門很新的學問，目前還在發展中。

赫爾在《道德之語言》一書中，集中討論有規範涵義的語句（prescriptive sentence）的問題。他把規範的語句分為兩種：價值判斷（value judgement）與祈使語句（imperative sentence）。這兩種語句雖同具有規範的或管束的意涵，還是有明顯的不同。價值判斷，例如「你不應該在車廂內吸煙」，指涉一個具有普遍性的原則；在這種原則下，人人都有責任做一些應該的事情，不做一些不應該的事情。祈使語句，例如「不准在車廂內吸煙」，則不涉及原則的問題，而顯示眼前的需要，指涉到說者的心意。道德的語句以普遍的律則為基礎，是一種規範的語句；赫爾說的價值判斷，實際上指道德判斷。

如赫爾在《道德之語言》中強調，該書的基本任務，在決定道德判斷或價值判斷與祈使語句之間的關連；這關連是，具有「應該」一類道德詞彙的價值判斷，在「應該」被估值地運用的前提下，必然涵蘊祈使語句。如何證成這個必然的關連呢？赫爾透過定義的方式來進行。他說，除非我們認為祈使語句追隨著「應該」語句，否則我們便不應說「應該」語句是估值地被運用。即是說，在我們價值地或估值地運用「應該」一類價值語句時，我們是預認此中的估值成素包含祈使的成分在其中。由於祈使的成分直接關聯到一些具體的行為，故「應該」語句會引生具體的行為。赫爾以為，估值地運用「應該」語句而不涵蘊祈使語句，在定義上是自身矛盾的。這樣，要試驗一個人是否估值地說「我應該做某事」，或把「我應該做某事」作為一價值判斷或道德判斷來運用，可問他是否認識到倘若他同意那道德判斷，他也

必須同意「讓我做某事」─祈使的命令式。

　　由「應該」一類道德詞彙的估值的運用必然涵蘊祈使語句這一關係，赫爾引出語句的推理；通過這種推理，道德判斷與祈使語句的必然關係可以更清晰地被表達出來。赫爾強調，全部演繹推理，包括語句的推理在內，其性格都是分析的。即是說，所推出的結論，都隱涵於前提中。演繹推理的作用，正是要使那些包含於前提中或前提的連結中的東西，在結論中顯現出來，這是一個分析的過程。對於這個意思，赫爾用以下兩個語言的規則來概括：

　　一、當說到有效的推理的前提中的東西，也就是說到結論中的東西。

　　二、在一個推理中，倘若在結論中被提到的東西，沒有在前提中被提到，則這推理是無效的。

赫爾表示，當我們說「估值地被運用的道德判斷涵蘊祈使語句」，其實是依據語句推理的規則，把在前提中包含的東西，分析地在結論中顯示出來。那個祈使語句的祈使意味，在我們估值地運用道德判斷時，已包含於這道德判斷中。這是依定義而然的。

　　如上所說，《道德之語言》主要是要證成估值地運用的道德判斷必然地涵蘊祈使語句。由於道德判斷指涉我們要歸向的道德的目標，而祈使語句則是一命令式（imperative），指涉具體的行為，因而這種涵蘊的關係，在道德實踐上可有一定的意義。即是說，真正的道德判斷必能提供某些人生目標，使人在行為上有所依循。這個意思擴展開來，我們亦可以說，凡是規範意義的語句、觀念（道德判斷是重要的規範語句），都能引發具體的行

為，指導人生，而不光是滯留於抽象的概念的、思想的層面。這點牽涉到哲學上一些極其重要的問題。在哲學史上有很多說法，都只有概念的、思想的意義，沒有規範的、價值的涵義，只是抽象地說，不能引發行為，與存在的經驗世界了無關涉。這些說法都是不足的。依赫爾的看法，亞里斯多德即是要根據這點來批評、反對柏拉圖的「善」的理念，而以「目的」理念代之。他認為「善」是中性的陳述，沒有規範的、價值的涵義，故不能在實踐方面引發行為，指導人生；而目的則是價值義、規範義，它包含祈使語句，促使人們去表現實際行為，把它落實。

　　這點亦可使人想起王陽明的「知行合一」觀點。雖然赫爾是經驗主義立場，不強調道德理性，後者正是王陽明哲學的根基，在這方面二人大異其趣。但他的道德判斷必然地涵蘊祈使語句因而引生行為的說法，與知行合一在模式方面，卻是極為相似。知行合一的知，是道德理性的價值自覺，它的意義不是認知的直述的，卻是價值的規範的。這表示意志的取向，自然能夠決定行為，引發行為。故知行合一是一分析命題：行的意思，分析地包含於知中。這與「道德判斷必然地涵蘊祈使語句因而引生行為」這一說法之為分析的，即由道德判斷可分析出祈使的行為，極相吻合。

　　以上是《道德之語言》的要旨。除此之外，該書還討論了很多道德的詞彙在我們日常生活的談話中的涵義；作者的分析精細而詳盡，提出很多我們意想不到的意見，對提高我們的分析思考的能力，也很有幫助。這書是赫爾的成名作，也是他的代表作。這也是現代西方哲學的名著，特別是分析哲學與語言分析方面，都要提到它。它不但是研究分析哲學、語言哲學、倫理學和邏輯

方面的人所必須讀的好書,且對研究語言學、社會學和心理學的人,也有一定的參考價值。英美的大學和研究院,甚至香港、臺灣方面的,例如香港中文大學,都把它列為哲學與倫理學方面必讀的參考用書。

本書的作者赫爾是英國牛津大學的道德哲學教授,在英、美的分析哲學界極負盛名,也很有影響力。他是在分析的倫理學的研究中一個舉足輕重的人物。他寫了很多書和論文,主要都是有關分析的倫理學方面的。近年則關心應用或實用倫理學的問題。雖然他的專長在分析的倫理學的研究方面,他對西方哲學,如形而上學、知識論和邏輯,也有很好的學養。這可從他在《道德之語言》一書中對亞里斯多德、柏拉圖和康德等大哲的深刻的理解與評論中見到。

本書是對於這部名著的研究與翻譯,其方式是逐章逐節把內容要旨提舉出來,並加以評論。故本書可視為閱讀這本名著的入門參考資料。我們之所以作這樣的提要與評論,是由於這部書所談的問題,雖然重要,但亦有過於抽象之嫌。最初接觸這部書的讀者,可能不易看得懂。我們的提要與評論,對他們會有些用。全書分十二章,因而我們的內容提要與評論也分十二部分。以下是本文所據的《道德之語言》的本子:

R. M. Hare, *The Language of Morals*. Oxford University Press, First published 1952. Reprinted from corrected sheets of the first edition, 1961, 1972.

譯者對於赫爾的這本書,很早便接觸到,那是 50 多年前的事了。讀後索性把它譯出來,那時並沒有要出版成書的想法。後來想到這個翻譯,對於對哲學有興趣的青年朋友,會有些幫助,

才要把它印行出來。由於譯者一向是研究佛學的，除了通曉英語外，也要學習多種語文，如梵文、藏文、日文、德文等，這讓自己沒有很多時間提升英語水平。因此把全書的譯文，委託韋漢傑博士比對原書校閱一下，才能放心出版。韋博士是美國的數學博士，英語自然比我好。他對譯文作了一些字面上的提議、修正，並未有涉及譯文的內容。在這裏我衷誠感謝韋博士的幫忙。最後譯文若有不精準的地方，責任理應由自己來負。

在這裏，我想強調一下：讀者在閱讀內文翻譯之先，在每一部分的每一章，先熟讀我所作的提要與評論，把握好其中所論及的問題，其中心意旨為何，再看譯文，這會有事半功倍的效果。從這些提要與評論，我們可以明瞭分析的倫理學的「分析性」。原書中有些語句或段落，顯得太過曲折，有些則是重複的話語，我都沒有翻譯。

最後，一點文字上的提醒：道德之語言即是道德的語言。說道德之語言似乎較為正宗，但有時了解為道德的語言則是比較易懂、流暢。書名中的「研究」，主要指每章開首所附出的對該章的提要與評論，以方便讀者。故這本書不純然是一翻譯，也有譯者的心力在裏頭。

分析的道德之語言之研究
——以赫爾的《道德之語言》為對象

目　次

第三部分　　「應該」

第一部分
祈使語態

一、規範的語言

提要與評論

　　作者強調道德的語言是一種規範的語言。他指出這《道德之語言》一書的用意，在研究道德的語言。其方法是以比較的方式，把規範的語言與其他的語言區別開來，再在多種規範的語言中，把道德的語言區別開來。這樣，便可以得出道德的語言的特性。這種方法，當然是很清晰而有效的。

　　作者指出，最簡單的規範的語言，便是日常我們普遍地應用的祈使語言。因此，這本書的討論，由這點開始。他先討論單稱的祈使語句，進而討論全稱的祈使語句，然後討論道德性的與非道德性的價值判斷的語言，後者是指那些運用「應該」、「正當的」、和「好的」一類詞語而不是道德判斷的語言。

　　作者對規範的語言作了分類，那是在與直陳的語言作對比之下作出的。這種分類是：

$$
規範的語言
\begin{cases}
價值判斷 \begin{cases} 道德的 \\ 非道德的 \end{cases} \\
祈使語句 \begin{cases} 全稱的 \\ 單稱的 \end{cases}
\end{cases}
$$

道德的語言的位置,可以很明顯地在這分類中見到。而在直陳的語言與規範的語言特別是祈使語言的對比方面,作者扼要地指出一個直陳語句是告訴別人某些東西是事實,而一個祈使語句則告訴別人把某些東西做成事實。顯然地,後者有促發某種行為或行動的涵意。作者更進一步以命令式來概括具有祈使語態的所有語句,例如「把門關起」;而以述句來概括一切直陳語句,例如「你會把門關起」。

儘管祈使語句與直陳語句有顯明的區別,作者還是指出,在思想界有兩個理論是要把祈使語句還原為直陳語句的。其中一者是要將祈使語句還原為表示說者心意的述句。例如,將「甲是對的」還原為「我認許甲」,「把門關起」還原為「我要你把門關起」。作者認為這是有問題的,不能確定地還原出說者的心意。「我要你把門關起」實是「把門關起」的有禮貌的說法,而「我認許甲」也只是說「甲是對的」的一種複雜和委曲的方式,並不是一個可以觀察來檢證的述句,實際上,這是一價值判斷。

另外一個理論是要把祈使語句還原成一表示其反面效果的述句。例如將「把門關起」還原成「你要把門關起,不然會發生X」。作者認為這也有困難,因為那反面的效果並不一定能被認取出來,例如「請告訴你父親我找他」,它的反面效果可以是甚麼呢?作者以為,一般來說,雖然可以「不然便會有壞的事發生」作為反面的效果,但這又把一些規範的詞語(如「壞的」)加了進來,增添了麻煩。

作者跟著反省這種把祈使語句還原為直陳語句的理由,是由於直陳語句遠離懷疑,特別能與檢證主義的理論(verificationist theory)相應。這理論以為,一個語句當其為真時,必須要在實

際方面有某些東西與之相應，否則這語句便沒有意義。即是說，倘若我們以為某一語句是表示事實的述句，但又不能說出當這語句是真時實情為何，則這語句對我們來說便沒有意義。不過，要注意的是，這「有意義」的標準，只能用於表示事實的述句中，祈使語句和道德判斷都不能滿足這標準。或者說，這標準對祈使語句與道德判斷來說，都沒有意義。

另外，作者又提出哲學界的一些理論，它們雖然不是要把道德判斷與祈使語句還原為直陳語句，卻是把它們視為要在效果方面影響聽者的行為或情緒。作者以為，這樣處理道德判斷會有誤導作用。在說明此中的理由之先，他先作這樣的區別：告訴別人做一些事的程序，和使他去做的程序，在邏輯上是不同的。就述句的情況來說，即是，告訴別人某事是事實，和使他相信它，在邏輯上是不同的。作者顯然以為，上面所說的一些理論，有把道德判斷關連到使他人相信某事以至實行某事的傾向。即是說，這些理論視道德判斷具有要說服別人的作用。倘若是這樣的話，便會引生一個問題：我們不易區分甚至混淆了道德判斷與宣傳的不同性格，或竟視道德判斷為宣傳，而使人對道德判斷存有惡感。

這裏作者特別強調這樣的區別：告訴別人一些事不同於促使他去相信或實行自己所說的事。後一情況，顯示一遊說的意圖。作者以為，遊說表示要別人放棄理性；而遊說的只關心結果而不問所用的方法是否正當的傾向，亦是有違理性的。這種做法，顯然不能與道德判斷相提並論，或竟違離道德判斷。倘若人們弄不清這點，而視道德判斷有遊說的傾向，便會對道德判斷生起反感。

綜觀這章的所述，作者以討論祈使語句作開始，其後則集中

討論道德判斷。祈使語句與直陳語句的區別是很明顯的,前者不能被還原為後者,在這方面,作者闡釋得很清楚和有說服力。不過,在討論到道德判斷時,作者的論點,似未夠清晰,未能使人完全信服。道德判斷作為一種規範的語言,自應有規範和指導人們的行為的意味,因而也不能完全免除誘導以至遊說別人向善的涵意。道德的遊說,亦不必是一件壞事。作者在這方面,似乎把道德與遊說對立起來:道德基於公理或理性,遊說則從私心出發,要人放棄理性。是否一定這樣呢?這種對立是否一定能夠成立,作者未有清楚交代,這顯然減低了他的論點的說服力。我們的意思是,為了私利而遊說他人去做或相信某事,當然不對,而一般人對「遊說」和「宣傳」的理解,也常會想到這方面去。不過,我們也可以基於一種道德的動機或公理,去遊說他人做或相信某事,這便不一定不好了。作者在這方面顯然未有意識到。

本　文

1.1　倘若我們問一個人「甚麼是他的道德原則」，最好是研究他所做的事，便能夠確定地得到答案了。他可能在言談中宣稱信奉種種的原則，卻在行為上完全不理哩。亦可能是這樣，當他面臨著不同的行為路向，要在其中作選擇或決定，要回答「我應做甚麼呢」的問題時，他知道了那情境的有關事實，便會顯示出他真正是相信哪一些行為的原則了。行為之能特別顯示道德原則，是因為道德原則的作用，正是用以指導行為的。道德的語言，是一種規範的語言（prescriptive language）。倫理學之所以值得我們去研究，是由於「我應做甚麼呢」的問題，是不能長期規避的。行為上的問題，雖然有時不如縱橫字謎有趣，但這些問題是必須解決的。這與縱橫字謎不同。我們不能等待下一問題的解答，因下一步的情況怎樣，正是決定於這些問題的解答哩。在這個世界中，行為的問題日益變得複雜，使人苦惱；對於這種語言的了解，是很需要的；這些問題便是在這語言中被提出，和回答。我們若在道德的語言上攪不清楚，這不止會帶來理論上的紊亂，更會增加不必要的實踐上的困惑。

研究事物的一種老式的但仍是有用的方法，是通過類屬與分化。倘若道德的語言是屬於「規範的語言」一類，則我們可首先把規範的語言與其他的語言加以比較，再比較道德的語言與其他規範的語言，便能很容易地知道道德的語言的本性了。簡單來說，這便是本書的用意所在。我會由簡單進於較複雜的。我想先討論規範的語言中最簡單的一種，這便是日常的祈使語句

（ordinary imperative sentence）。對於研究道德的語言的人來說，最有趣味的是這類型語句的邏輯狀態。因為，它雖然比較簡單，但能在一種易辨別的形式中，引出很多問題——它們曾困擾著倫理學的理論。因此，我雖無意把道德的語言「還原」成祈使語句，但對祈使語句的研究，卻是我們目前引進倫理學的研究的最佳途徑。倘若讀者不能馬上看到我們較先的討論部分與倫理學的連繫的話，我必須請求他忍耐一下。若忽略了這本書第一部分所宣示的原則，便會引致很多隱藏在倫理學中的混亂。

　　我會由單稱的祈使語句（singular imperatives）進而討論全稱的祈使語句（universal imperatives）或原則。通過對這些語句的討論，和論述如何採用或拒斥它們，我便有機會敘述教與學的過程，和我們為這些用意而使用的語言的邏輯了。由於道德的語言的一種最重要的用法是在道德的教學方面，故我們這種討論與倫理學的關係，是明顯的。

　　之後我會討論一種規範的語言，它較那簡單的祈使式更密切關連於道德的語言。這便是「非道德性的價值判斷」的語言——所有那些包括諸如「應該」、「正當的」和「好的」等詞語而不是道德判斷的語句。我要指出，很多使研究倫理學的人感到困惑的特色，也是這種語句所顯示的——能正確地認識它們，會很有助於闡明倫理學自身的問題。我將依次討論兩個最有代表性的道德的詞語「好的」和「應該」，我會首先討論它們的非道德的用法，然後及於它們的道德的用法。在每一種情況，我想指出，這些用法有很多共同的特色。在結論方面，我會建立一個邏輯的模型，在道德與非道德的脈絡下，把「應該」與「好的」的邏輯，關連到祈使語句的邏輯方面來。在這個邏輯的模型裏，人為的概

念，都以經過限定的祈使語態的詞語來說明。這些人為的概念，可在某一程度作日常語言中的價值詞語用。對於這個模型，我們不必過於認真。它只是對於前面的討論的一個非常粗淺的綱要而已，這綱要本身包含我要說的實質內容。

　　我所提議的規範的語言的分類可示如下：

$$
\text{規範的語言}
\begin{cases}
\text{價值判斷}
\begin{cases}
\text{道德的} \\
\text{非道德的}
\end{cases} \\[2ex]
\text{祈使語句}
\begin{cases}
\text{全稱的} \\
\text{單稱的}
\end{cases}
\end{cases}
$$

這種分類只是粗淺的，在本書中我們會把它弄得精細點。例如，我會表示出，日常語言中的所謂「全稱的祈使語句」，並不是真正的全稱語句。我也不以為這分類是窮盡的；譬如說，單稱的祈使語句，和非道德性的價值判斷，實在有很多種；而除了單稱的和全稱的祈使語句外，還有其他的祈使語句。但在開始來說，這分類已是可以了，也能解釋這書的方案或意圖。

　　1.2　基礎文法書的作者有時就他們所表述的把語句區分為述句（statements）、命令式（commands）或問題（questions）。對邏輯家來說，這種分類不是窮盡的，也不夠嚴謹。例如，邏輯家曾經很花心思顯示出直陳語態（indicative mood）的語句可以有很多不同的邏輯性格，若把它們都歸類在「述句」一個名稱下，實會引起嚴重的錯誤，使我們漠視它們之間的重要區別。在這書的後面部分，我們會顯示出一種表示價值判斷的直陳語句，如何邏輯地與日常的直陳語句有不同的用法。

　　同樣，祈使語句也是一種混合產物。即使我們撇開像「若我在格蘭徹斯特！」般的語句——有些文法家在他們書中同樣的分部中視之為祈使語句來處理，我們仍會在真正的祈使語態的語句方面，有很多不同的表述方式，例如軍事的命令（校閱場和其他方面）、建築師的詳細計劃書、做蛋捲或使用真空吸塵器的指示、片段的勸告、要求、懇求，和其他數不盡的語句。而且很多這些語句的作用都相互重疊。這些不同種類的語句的分別，可提供資料給一個細心的邏輯家寫很多論文給哲學期刊哩。但做這樣性質的工作，必須要有勇氣。我會依從文法家的做法，用「命令式」一單語去概括祈使語態的語句所表述的東西；在命令式一類中，我只作一些很廣泛的區分。我這樣做，是要使讀者對共通於這全部或幾乎是全部類型的語句的特色感到興趣。對於這些類型的語句的區別，他無疑是熟悉的。基於同樣的原因，我會用「述句」一詞，去概括所有以典型的直陳語句來表示的東西。我會就諸如「把門關起」的語句與諸如「你會把門關起」的語句做一個對照。

　　述句不用於命令式，這是難以否認的。這不同點是甚麼呢，那便較難說了。這種分別並不單純是文法形式的。因為倘若我們要研究一種新發現的語言，我們應能認出那些被分別用來表示述句與命令式的文法形式、應稱這些形式為「直陳的」和「祈使的」。（倘若那語言被構造成使這種區分有用的話。）這區分存於不同的文法形式所傳達出來的意義中。這兩者都是用來描述一個主題，各自表示不同的描述方式。「你會把門關起」與「把門關起」這兩語句都是有關頃刻間你把門關起的事，但卻是不同的說法。直陳語句是用來告訴別人某些東西是事實，祈使語句則不

是——它是用來告訴別人把某些東西做成事實。

1.3　一些有關祈使語句涵具其意義的方式而曾經或可能被堅持的理論，是很值得道德哲學家花時間去研究的。它們對於道德判斷相近的理論，提出一極其有趣的對比。這對比顯示出，在這兩種理論中間，可能有些重要的邏輯的相似性。讓我們先看看兩個理論，這與我將在後面稱為「自然主義」（naturalist）的類形的倫理理論相似。（5.3）這兩個理論都想把祈使語句「還原」為直陳語句。第一種理論以祈使語句為表示說者的心意的述句，而將之還原。像「甲是對的」可表示「我認許甲」那樣，「把門關起」亦可表示「我要你把門關起」。這樣說，在口語方面是沒有害處的。但在哲學上，這可以引致很大的誤解。這有這樣的結果：若我說「把門關起」，你又（對同一人）說「不要把門關起」，我們相互間沒有矛盾；這是古怪的。持這理論的人可以回答說，雖然這裏沒有矛盾，但有不同的願望，這便足夠解釋我們的感受——那兩語句總是不能相協調（那個「不」如同在「你不會把門關起」語句中一樣，有相同的作用）。但這裏仍有困難：「把門關起」似乎是有關關門的事，不是關於說者的心境，如同做蛋捲的指示（「取四只蛋……」）是有關蛋的指示，而不是對於貝敦夫人（Mrs. Beeton）的精神的內省的分析。說「把門關起」即是「我要你把門關起」，這正如說「你會把門關起」即是「我相信你會把門關起」。這兩種情況都很奇怪：把有關關門的說法，混為有關我心中的所想的說法。但實際上，「相信」與「要」都不具有這種意味。「我相信你會把門關起」並不是（除非是在高度象徵性的方式中）有關我的內心的述句，而是

有關你關門的事的試驗性述句，是「你會把門關起」的較猶疑的
說法。同樣，「我要你把門關起」並不是關於我的內心的述句，
而是「把門關起」這一祈使語句的有禮的說法。除非我們了解
「你會把門關起」的邏輯，我們不能了解「我相信你會把門關
起」的邏輯；同樣，除非我們了解「把門關起」，我們不會了解
「我要你把門關起」。因此，這理論一無所宣說，那個相似的倫
理的理論也是同一情況。因為，「我認許甲」只是說「甲是對
的」的一種較複雜和委曲的方式而已。這並不是一可以觀察來檢
證的述句，我並不是有一種可認出的感受，或回歸性的心境。這
是一價值判斷。如我問「我認許甲麼？」我的答案是一道德的決
定，不是一對內省的事實的觀察。對於那些不明白「甲是對的」
的人來說，「我認許甲」是不可理解的。

　　1.4　　我想考慮的第二種試圖把祈使語句還原成直陳語句
的，是布納特博士（Dr. H. G. Bohnert）的做法。[1]這種有趣的說
法，可以拙成（我希望沒有不公正之處）這樣的述句：「把門關
起」表示「你要把門關起，不然會發生 X」之意，此中 X 被視
為對被說者來說是不好的東西。這理論與那種倫理的理論相類
似，後者把「甲是對的」與「甲會促成 Y」等同起來，此中的 Y
被一般認為是好的東西，例如快樂，或痛苦的避免。稍後我們會
見到，價值的表達式有時會獲致──由於它們所依的標準的恆常
性──某種描述的力量（descriptive force）。故在一個以實利為

---

[1]　〈命令式的記號學的地位〉（"The Semiotic Status of Commands",
Philosophy of Science, xii (1945), 302）。

標準的社會來說，倘若我們說「健康處做了很多好事」，大家都會知道我們的意思是健康處防止了很多痛苦與不安等事的發生。同樣，在具有高度假言性（3.2）的祈使語句的情況來說，由於我們很快便知道，它們會導致某個目標的實現，或避免某個不幸的結果的發生，布納特的分析似是可靠的。用他自己的例子，在一個燒著的屋子中說「走」，便頗有「你要走了，不然便會燒著了」的意思。但在不是那麼容易便認得那個目標的情況（祈使語句只是略微是「假言的」，或完全不是「假言的」），聽者便很困惑，不會分析出在「不然」後面所要加上的東西是甚麼了。對於如「請告訴你父親我找他」般的語句，實在很難以布納特的理論來分析。當然我們時常可以「不然便有壞的事發生」來把分析了結；但這種做法，只是把一個規範的詞語再加進分析中而已；「壞的」是一價值詞語，因而是規範的。倫理學中的目的論的理論把「正當的」解釋為「會促成 Z」，此中的「Z」是一價值詞語，如「滿足」或「幸福」，這同樣地只替自己增加分析這些詞語的困難而已。

　　把祈使語句還原為直陳語句的誘惑是很強的。它與以「自然主義的」方式來分析價值詞語的誘惑，有相同的根源。這即是，大家感覺到那被認為是只有一種的「真正的」直陳語句，是無可懷疑的，為了使其他種類的語句遠離懷疑，便需要顯示出它們其實是直陳語句了。當有關意義的所謂「檢證主義的」（verificationist）理論流行時，這種感覺便更加強了。這理論就其本身的範圍言，在很多方面都是很有成果的。粗略地說，這理論以為，一個語句當其為真時，必須要有些東西是實情，與之相應。不然的話，這語句便是沒有意義。這有力地說明了某些方式

中的一種；某種類的語句（典型的直陳語句）即在這方式下具有
意義。明顯地，倘若我們以為某一語句是一表示事實的述句，但
又不能說出若這語句是真時實情為何，則這語句（對我們來說）
是沒有意義的。這「有意義」的標準，在事實的述句的情況來
說，是有用的。但倘若我們不加區別地把這標準用到多種說話的
方式中，而這些說話又無意表示事實的述句時，便會生起麻煩
了。祈使語句不能滿足這個標準，那些表示道德判斷的語句可能
也不能滿足這個標準；但這只顯示，它們並不就那標準所界定的
意思來表示述句；而這意思與正常用法的意思相比，是較為狹義
的。這並不表示它們沒有意義，也不表示它們的意義是這樣一種
性格，致找不到邏輯的規則來規限它們的應用。[2]

　　1.5　　人們發現了在我們的日常談話中有些完全好的和有意
義的語句不能還原為直陳語句，那種以為只有「真正的直陳語
句」才能遠離懷疑的感覺，仍能（令人驚異地）存留下來。這感
覺是在這樣的假定下留存下來：在這些語句中發現的意義，必須
必然地在邏輯上其意義低於直陳語句者。這假定曾使一些哲學
家，例如艾耶（A. J. Ayer）教授，在對道德判斷的邏輯的性質
進行最有價值的研究而加以說明時，發出附帶的評論，因而引來
許多不必要的抗議。[3]艾耶的理論的重點是，道德判斷通常來

---

[2]　參考拙文〈祈使語句〉（"Imperative Sentences", *Mind*, lviii (1949),
　　21）。文中的一些資料，用在這裏。

[3]　請特別參考其《語言、真理與邏輯》（*Language, Truth and Logic*, 2nd
　　ed., pp. 108-9）一書。另外一篇文章〈有關對道德判斷的分析〉（"On
　　the Analysis of Moral Judgments", *Philosophical Essays*, pp. 231 ff.），是

說，與由他的檢證標準所標明的直陳語句一類，並不在同一途徑中顯示其作用。但他闡明自己的看法的方式，與他把道德判斷同化到其他（相當獨特的）語句形式——這些語句形式也依這標準被劃開在典型的直陳語句的界線之外，卻惹起一些爭論，至今尚未平息。這可與與此相像的對於祈使語句的處理作密切的對照——與艾耶站在同一思路的作者似亦會同樣對待祈使語句，如同他們對待道德判斷一樣哩。假定我們認識到祈使語句不同於典型的直陳語句這一明顯事實。又假定我們只視典型的直陳語句為遠離懷疑。於是說「祈使語句一無所述，它們只表示願望」，便是很自然的事。像我們所考慮過的第一個理論那樣，說祈使語句表示願望，在口語的層面是無可厚非的。倘若有人說「把我的名字從這裏刪除」，我們實在可以說，他表示一個願望，要把他的名字刪除。不過，「表示」（express）一詞的極端的隱晦性可以生起哲學上的混淆。我們說表示出述句、意見、所信、數學的關係等等；倘若該詞是用於這方面的意思，那個理論雖所說不多，仍是無害的。但不幸地，它也用到與這些不同的方面去，而艾耶以「表明」（evince）一詞，作為它的粗略的同義詞來應用（在說到道德判斷方面），是危險的。我們說藝術家、作曲家和詩人表示他們自己的和我們的感情，咒詛表示憤怒，在檯上跳舞也可表示快樂。因而說祈使語句表示願望便會引致那些不小心的人以為當我們用一祈使語句時，會發生如下的情形：在我們的內裏湧現著一股渴望的情緒，當壓力太大時，這情緒便透過說一祈使語句，而噴發開來。這樣的理解，當用到那些如「把死閂安到門的

較近和更有分量的說法。

枘穴上去」般的語句中時，便不行了。價值判斷似乎也不能滿足
檢證標準，在某個意思來說，它實在像祈使語句那樣，是規範
的，這種事不會說到它們方面。在口語的層面以「甲是好的」來
表示對甲的認許，完全是無可厚非的；但倘若我們以為所表示出
來的認許是我們的一種特別溫暖的情感的話，那在哲學上便引起
誤解了。若本地政府的首長囑他的下屬寫信給我，表示對我的都
市方案書的認許，說「首長認許你的方案」，或「首長以為你的
方案是最好的一個」，我總不會為了印證信中的所說，而找一個
私家偵探去察看首長的情緒的表現吧。在這種情況，寫這樣的信
即是認許之意。

1.6　在單稱的祈使語句的情況，我們找不到與價值判斷的
認許理論的「態度」的種類相類似的東西。[4]但我們可以對全稱
的祈使語句建立這樣一個理論。如果有人說「當一個人失意時，
不要打擊他」，我們可以很自然地說，此人對於這樣的行為，表
示了某種態度。要精確地界定這種態度，或建立標準以檢認它，
是極端困難的。這與把道德的認許與其他種類的認許對反起來而
精確地說出甚麼是這道德的認許，同樣困難。要說明那些由全稱
的祈使語句來表示的態度的特性，唯一安全的方式是說「人不應
該（或應該）做某事的態度」；而要說明那種由一道德判斷來表
示的態度的特性的唯一安全的方式，是說「做某事是不正當（或
正當）的態度」。對於某種實踐行為持一種「道德的認許」的態

---

[4]　譬如，請參考史提芬遜（C. L. Stevenson）的《倫理學與語言》（*Ethics and Language*）一書。

度，即是有一種意向去思想，在適當的時機，以為這是正當的；倘若「思想」（think）本身是一表示意向的詞語，則只是去思想或認為這是正當的；而我們的以此為正當的想法，可通過我們的某些做法洩露或展示出來（行為論者會說這是構成哩）。即是說，當時機來時，做出該種有關的動作，然後說它們是正當的，然後又以另外的方式贊許它們。但當某人想某種行為是正當的時，到底他在想甚麼呢，那是沒有甚麼好解釋的。同樣地，當我們說「當一個人失意時，不要打擊他」表示不要打擊人的態度，（或一種厭惡打擊的態度，或對打擊的「反態度」，）對於那些不了解我們正要解釋的語句的人，我們原不該說任何可理解的事。

　　我想強調我並不是要反駁這些理論。它們都有這樣的特色，即是，倘若以日常的詞語來表示，它們的所說，就其要點言，是無可非議的；但當我們要了解它們如何解釋那些使它們生起的哲學的困惑時，我們只有被迫把它們理解為不可靠的，或者發現它們不過把相同的問題弄得較複雜而已。包括「認許」一詞語在內的語句，是極難分析的，因而以這個概念去解釋道德判斷的意義，似乎是荒謬的；我們在學習「認許」一詞的很久以前，已學會構成道德判斷了。同樣地，以願望一類詞語或其他感受或態度的詞語去解釋祈使語態的意義，似乎也是荒謬的，因為，早在我們學習「願望」、「欲望」、「厭惡」一類比較複雜的概念之前，已學會如何應付和運用命令式了。

　　1.7　我們現在要研究另外一組理論；這與我們所考慮過的理論，常是同時提出的。這些理論以為，道德判斷或祈使語句

（這些理論常將這二者等同起來）在語言中的作用是要在效果方面影響聽者的行為或情緒。卡納普（R. Carnap）教授寫道：

> 但實際上一個價值述句只是在一種誤導的文法形式下的一個命令式而已。它可能會影響人的行為，這些影響也許與我們的願望相符順，也許不相符順；但總是無所謂真或假的。[5]

艾耶教授也寫道：

> 倫理學的詞語不止可用來表示情感。它們還可以激發情感，因而刺激行為的發生。實際上，它們之中的一些還可有這樣的用法，致它們所在的語句有命令式的效果。[6]

較近期史提芬遜教授也提出這種看法。[7]這裏我們又遇到一種在口語的層面是無害的理論了，但這卻引出一些哲學上的錯誤，即是通過把應用一個命令式或道德判斷的過程同化到其他過程中而致，而這些其他過程是實際上顯著地不同的。

　　任何人運用祈使語句，倘若他是誠懇的或誠實的的話，他是希望被指涉的人做一些事的（即做那些被命令的事），這確是真的。在命令式的情況來說，這其實是對誠意的考驗，正如述句的情況那樣，只要說者相信它，述句便被視為是誠懇的。遲些我們

---

[5] 《哲學與邏輯的語法》（*Philosophy and Logical Syntax*, p. 24）。

[6] *Language, Truth and Logic*, 2nd ed., p. 108.

[7] *Ethics and Language*, p. 21.

會見到，對於一些人所提出的命令式和述句，表示誠懇地同意的類似標準。但這不是那些理論所要提出的。它們所提出的是，命令式的作用是要在效果方面影響聽者，或者使他做一些事。而這樣說是會使人起錯誤了解的。在日常的談話中，我們說用一個命令式即是想使人做一些事，是沒有害處的。但在哲學上，我們必須留意一個重要的分別。告訴別人做一些事的程序，和使他去做的程序，邏輯上是很不同的。[8]此中的分別，我們可以就在述句的情況中的相應的分別來闡明。告訴別人某事是事實，在邏輯上是不同於使（或試圖去使）他相信它的。當我們告訴了別人某事是事實後，倘若他沒有相信我們的所說的意向，我們可以換用另一種方式，去試圖使他或說服他相信我們所說的是真的。人們在致力於解釋直陳語句的作用時，是不會說這些直陳語句是要說服別人相信某事是事實的。說命令式是要說服或使別人做某事，也不見得有道理。此中亦如此，我們先告訴別人他要做的事，倘若他沒有意向去做，我們會用另外一種完全不同的方式，促使他去做。前面引過的「把死閂安到門的柄穴上去」的指示，並不是要激起木匠發出動作來；要這樣做，可用其他的辦法。

對於道德哲學，這種區分是重要的。實際上，以道德判斷是要說服〔別人〕，會引生一個困難，使我們不易將其作用與宣傳的作用區分開來。[9]我現在要使人注意命令式與道德判斷的相似點，和把它們歸入規範的語句，故我要極其鄭重地避免自己把這

---

[8]　有關對這問題的較詳細的討論，請參考拙作〈意志的自由〉（"Freedom of the Will", *Aristotelian Society*, Supplementary Vol. XXV (1951), 201）。我在這裏和在 10.3 節曾用了其中的一些資料。

[9]　參考 Stevenson, *Ethics and Language*, ch. xi.

些東西與宣傳混淆起來。如常出現在哲學方面那樣，我們這裏出現兩種區別的混合。第一種是述句的語言與規範的語言的區別。第二種是告訴別人一些事和促使他去相信或去做自己所說的事的區別。只要我們稍微想一想，便會知道這兩種區分是很不同的，兩者也互相重疊。我們可以告訴別人甚麼是實情，或叫別人去做事，此中並無遊說（或影響，或引誘，或促使）的意圖。倘若別人無意同意我們所對他說的，我們便可訴諸誇張、宣傳、編排外加的事實、心理詭計、恐嚇、賄賂、折磨、嘲弄、給予保護和其他不同的方式。這些都是用來引誘他或促使他去做一些事的方式；前四者同時是促使他相信某些事的方式。其中沒有一種是告訴他一些事的方式，雖然其中那些涉及運用語言的方式可能包括告訴他種種事情。倘若我們把那些方式視為誘導或遊說的方便之計，它們是否成功，便可由它們的效果來判定——看別人是否相信或去做我們試圖使他相信或去做的事。只要能夠說服他便可，至於用以遊說他的手段是否誠實或污穢，是不重要的。因此，當一個人知道別人正在試圖遊說自己時，其自然的反應是：「他向我這邊來了；我必須警覺；我必須不讓他偏執地影響我的決定；在這事中我必須小心地立定主意，維持自己是一自由的負責任的人。」哲學家不應鼓勵這種對道德判斷的反應。在另一方面，對於別人告訴我們甚麼是實情，或對於他告訴我們去做一些事（例如把閂安到門上），這些都不是自然的反應。告訴別人去做某事，或甚麼是實情，是對「我應做甚麼」或「實情是甚麼」的問題的答覆。當我們回答了這些問題，聽者便知道應做甚麼或實情是甚麼——倘若我們告訴他的話是對的。他是不會必然地為此而受影響的；他不受影響，我們亦無所謂失敗。因為他可以決定不

相信或不服從我們；只是告訴他，是絕不會決定他做或不做的。但遊說是不能施於一個以理性為本而正在問自己（或我們）「我應做甚麼」的人的；它不是對這問題或任何其他問題的答覆；它是一種要他以某一特別的方式來回答的意圖。

這樣我們便容易看到何以道德判斷的所謂「祈使的理論」會引致那樣的抗議。由於不止是對道德判斷的作用的錯誤的想法，且亦是對道德判斷所被同化於其中的命令式的作用的錯誤的想法，因而這似是在非難道德論述的理性本身哩。但倘若我們了解到，不管命令式與述句怎樣不同，總是在這方面相似的：它們都涵有告訴別人一些事之意，而不涵有要影響他之意。倘若我們了解到這點，便不妨把注意力集中到命令式與道德判斷之間的相似點上。如我要表示出，由於命令式像述句那樣基本上是答覆那些以理性為本的人的問題的，故命令式亦如述句那樣，為邏輯的規律所管制。這表示道德判斷亦可這樣地被管制的。我們記得，那個最偉大的理性主義者康德視道德判斷為祈使語句（律令）；雖然我們也必須記取他用祈使語句一詞是取較寬廣意思的，我們也要記取道德判斷雖然在某些方面像祈使語句，但在其他方面是不同的。（11.5）

二、祈使語句與邏輯

提要與評論

　　在上一章，作者指出祈使語句與直陳語句有明顯的區別。在這章開始，作者把這種區別更具體和詳盡地顯示出來。他以實例來比對這兩種語句：

　　　　祈使語句：把門關起

　　　　直陳語句：你會把門關起

這兩語句都涉及一個相同的事項，這即是：

　　　　你在頃刻間把門關起的事

這便是相同的片語。倘若運用這片語把上面的祈使語句與直陳語句轉成命令式與述句，可這樣寫：

　　　　命令式：你在頃刻間把門關起的事，請做吧。

　　　　述　句：你在頃刻間把門關起的事，是的。

對於這樣的命令式與述句的語態，可作這樣的分析：「你在頃刻間把門關起的事」是共有的部分，是片語的部分；「請做吧」、「是的」則是不共有的肯認的部分。作者以為，決定述句和命令式間的本質的不同，是其肯認的部分。

　　關於述句與命令式的不同，作者也提出另外一種檢證方式。那是看我們真誠地同意這兩種語言體式時所作的不同反應。作者

以爲，真誠地同意述句涵有相信某些東西之意；而真誠地同意命令式則涵有做一些事情之意，當然這要和適當的時機和能力配合起來。「相信」與「做」顯然不同。後者有促發某種行動的涵意。祈使語句既然概括於命令式之中，它自亦有促發某種行動的涵意；這自不同於概括於述句中的直陳語句，後者並無「做」或促發行動的涵意。

雖然命令式不同於直陳語句，但作者以爲，它們可以相互包涵，此中並無哪一方面具有「邏輯上的基要位置」的問題。例如：

　　使「鍾斯去把門關起」爲眞

是命令式包涵直陳語句；

　　「讓鍾斯在下午五時把門關起」的命令已被遵守執行

則是直陳語句包涵命令式。

作者一直都在強調命令式或祈使語句與直陳語句的相異。但命令式與直陳語句相涵，似顯示作者亦首肯命令式或祈使語句與直陳語句的相通處。跟著作者更指出，由於祈使語句與直陳語句具有共同的片語，因此兩者都可受到意義的檢證理論的考驗。這便進一步把祈使語句與直陳語句拉在一起來說。不過，儘管這樣，兩者的基本區分，還是根本的。作者也沒有否認這點。

到了這裏，作者改換話題，討論語言的語值問題，以顯示祈使語句的性格。他提出我們的語言有二種語值與三種語值的說法，前者運用邏輯上的排中律，後者則排中律不能用。關於三種語值方面，在祈使語態來說，作者以爲，我們若不說「把門關起」，不必依排中律，而說「不要把門關起」，卻可說「你可以把門關起，或不把門關起」，或竟一話不說。在直陳語態方面，

我們若不說「你會把門關起」，也不必依排中律，而說「你不會把門關起」，卻可說「你可以把門關起，你也可以不把門關起」，或竟一話不說。但二種語值的情況，則要遵守排中律。倘若問題是「我要把門關起，抑不要關呢」（祈使語態），或「我會把門關起，抑不會呢」（直陳語態），則我們只能答「把它關起」，或「不要把它關起」（祈使語態），沒有中間的或第三個選擇。或只能答「你會把門關起」，或「你不會把門關起」（直陳語態），也沒有中間的或第三個選擇。這便是「排中」（排斥中間者或第三者）的意思。

　　祈使語句可以是二種語值的，也可以是三種語值的。作者以為，若是二種語值，則是分析的，例如在奕棋的場合說「你下一步是移動女皇，或不移動女皇」。所謂「分析」的意思是，結論的涵意已包含於前提中，因而可從前提推理而得，不必要另外找資料。下一步的行法，或是移動女皇，或是不移動，只有這兩個可能，這個涵意是早定了的，因而是分析的；它不涉及第三個可能，因而也要遵循排中律。另外，作者以為，若是三種語值，則祈使語句不是分析的，這則預認一不移動女皇也非不移動女皇的可能性。這在奕棋的事例中似乎很難說，但在日常的生活行為中，卻可常有。例如說「你會留在屋內或不會留在屋內」，可表示「你不會站在門口擋住出路」的意思，這則在留在屋內和不留在屋內這兩個可能性之外，提出第三個可能意思，故不是分析的，也不必遵守排中律。

　　跟著作者即討論語句的推理問題。他先提出一個推理的例子：

把全部箱子拿到車站去（全稱祈使語句）

> 這是其中的一個箱子（單稱直陳語句）
> 因此，把它拿到車站去（單稱祈使語句）

這是一個合法有效的推理。不過，作者提出幾點，認為需要考究。一、由全稱祈使的大前提和單稱直陳的小前提如何能推論出單稱祈使的結論？二、兩個前提有不同的語態，我們如何能知道結論是甚麼語態？三、由一組直陳的前提所推理而得的結論，是否必為直陳的？能否推理出祈使的結論？在這些方面，作者最後提出一個管制性的規則：

> 若一組前提不含有最少一個祈使語句，則沒有祈使的結論能有效地從這組前提導引出來。

這規則的意涵是，推導出祈使的結論的前提，必要具有祈使的成分；否則結論便無祈使性格。作者強調，很多倫理學的論證，都以這規則為基礎。他又強調，這規則決定了道德判斷不可能是有關事實的純然的陳述。對於這點，作者雖然沒有詳細闡釋，但理由是明顯的。道德判斷在一推理中，應是結論；道德判斷是規範的語言，因而推導出這種判斷的前提，亦必要具有規範的成分，一如上面的規則所意涵的那樣。

　　作者即以這個規則為根據，來理解和反省倫理學上的一些強烈論調。他以為，亞里斯多德反對柏拉圖的「善」的理念，而代之以「目的」，也是根於這個規則。即是說，「善」是事實的、存在的，「目的」則要由行動來達致。有關「善」的語句不能引導行動，有關「目的」的語句則能引導行動。有關「善」的語句不能推導出有關「目的」的語句。在作者眼中，亞里斯多德顯然

以為柏拉圖的「善」並無規範義，只是直陳義；而其「目的」則有規範義。亞里斯多德的哲學較重視行動，較有動感。實際上，在較後的地方（6.3），作者便提到亞里斯多德視目的為由行動而達致的一種善。談目的是不能離開行動的。

作者又以為，康德之反對意志的他律，視之為虛假的，也是基於這個規則。即是說，祈使語句是關於應做甚麼的，它不能由關於「它的任何對象的性質」的直陳語句中導出。這些直陳語句自然也不能導出道德判斷。後者是應然的性格，不是實然的性格。

作者的這種反省，很有新意。至於亞里斯多德與康德所提的批評，是否真的基於這個規則，那是另外的問題，可以暫時不理。不過，這裏要注意的是，亞里斯多德、康德他們對於倫理學的概念的理解，如「善」（或「好的」）、「目的」、「道德」，是從它們的實質意義來理解的；而作者則基本上看它們在我們日常的言說中表示甚麼意義。這則很不同。

本　文

2.1　為了清楚地描劃出祈使語句與直陳語句之間的不同，我們要分析這兩類型語句，分出它們共同的意義要素，把它們的本質的不同點孤立開來。由於我曾在上面（1.4）引過的一篇拙作中做過這點，故這裏我只簡單地說說。

我們知道「你會把門關起」與「把門關起」兩語句都是有關同一事的，即頃刻間你把門關起的事，但它們卻是用來說有關這事的不同方面。那些涉及這事的口語的或書寫的語句，其諸部分的不同，純粹是文法中的偶然結果。現在讓我們再研究這些語句，把那個在這兩種情形都是有關這事情的相同的片語寫出來。這片語是：

　　　　你在頃刻間把門關起的事。

然後我們要在這兩種情況中加上相互不同的東西，以補充這兩語句所傳達的意思。到目前為止，我們已清楚地說了這些語句的涵義。不過，這仍未表示出說者的意圖。我們不知道他說你在頃刻間把門關起的事，是將要發生呢，或是實情呢，或是他告訴我們將之做成事實呢，或是其他方面。要完成這些語句，便要加上一些東西，以告訴我們這點。我們可以這樣寫，使語句成為一命令式或一述句：

　　　　你在頃刻間把門關起的事，請做吧。

　　　　你在頃刻間把門關起的事，是的。

這兩語句即與以下的標準語句相應：

　　　　把門關起。

你會把門關起。

我們要用一些專門的詞語，來指涉這些語句的不同部分。在拙文中所用的詞語，並不完全令人滿意，這裏我要造一些全新的詞語。我要稱那兩種語態的共有部分（「你在頃刻間把門關起的事」）為 phrastic（片語），稱那在命令式和述句的情況都不同的部分（「是的」或「請做吧」）為 neustic（肯認）。力地爾（Liddell）與史葛特（Scott）的《希臘文字典》（*Greek Lexicon*）的讀者會知道這些詞語的恰當性。phrastic 由一個意思是「指出」的希臘詞語而來；neustic 則是由一個意思是「點頭同意」的詞語而來。這兩個詞語用起來，都不涉及祈使和直陳語法。說出一個包含 phrastic 和 neustic 的語句，可有如下的寓意：一、說者指出他所要說出的是實情，或所命令的要成為實情；二、他點頭，好像要說「這是實情」，或「做吧」。不過，就他表示此中的某一意思，他是要以不同的方式首肯的。

2.2　現在很清楚地看到，倘若我們要找尋在述句和命令式之間的本質的不同，我們便要留意其肯認部分，而不是其片語部分。就「肯認」一單詞的用法表示，在直陳的與祈使的肯認之間，仍有一些東西是共通的。這便是「首肯」某一語句的共同意念。這是由任何認真地運用一語句的人所做出來的東西，他並不只是把它說出，或以引號把它引出。這是要說出和意味任何意思的本質的一點。在書寫的語言中，引號的缺去，象徵我正在談論著的意義的要事；寫一語句，而沒有引號，便像簽署一張支票那樣；在引號中寫，便像開一支票而不簽署那樣。例如，顯示給人看如何開支票。我們可以有這樣的約定，我們不用引號來概括我

們所正講述而不是正運用的語句，但當我們在認真地運用一語句時，我們首肯，或在文字中做一些特殊的記號。在弗列格（Frege）的和羅素（Russell）、懷德海（Whitehead）的邏輯系統中的「肯認符號」（assertion symbol）的多種作用中，即有一種顯示去應用或確認一語句的作用。[1]這亦可用於命令式和述句中。我們或許可以把語言弄得緊張一些，在兩方面都用「確認」（affirm）一詞語。

與這一確認記號有密切聯繫的是聽者所用的一種同意的記號。用這種同意的記號，等於以代名詞等東西把語句重說，這代名詞等是因需要而改換的。如我說「你會把門關起」，你回答「是的」，這是一同意的記號，等於「我會把門關起」。另外，如我說「把門關起」，你答「嗯，嗯，先生」，這同樣是一同意的記號；若我們想表示相等的意思，我們可以說「讓我把門關起」或「我會把門關起」（此中的「我會」並不是預測未來的事，而是一決定或應允的表示）。現在，這應可給予一有關述句和命令式的本質的不同的線索了；這在同意的表示中可以找到；而在同意的表示中所牽涉到的東西，如我所說，與最先我們確認它們時所牽涉到的東西有密切關聯。[2]

在我們對一述句表示同意的情況，當且僅當我們相信這述句是真的（相信說者的所說），我們才會被說為在我們的同意方面是真誠的。另一方面，在我們對一個發向我們的第二人稱的命令

---

[1]　參考羅素和懷德海的《數學原理》（*Principia Mathematica*, i.9）。

[2]　關於「允許」和「確認」的類似的概念的有趣的說法，可參史托羅遜（P. F. Strawson）的〈真理〉（"Truth", *Analysis* ix (1948-9), 83; *Aristotelian Society*, Supplementary vol. xxiv (1950), 129）。

表示同意的情況，當且僅當我們照著或決定照著說者所說的話去做，我們才會被說為在我們的同意方面是真誠的。如果我們沒有照著去做，只是決定遲些才去做，然後當遲些要做的時機來了，我們又沒有去做，那我們便被說為改變主意了。我們不再堅持我們前此所表示的同意去做了。〔一方面〕說我們不能真誠地同意一個發向我們的第二人稱的命令式，〔另一方面〕倘若現在是實行這命令式的時候，而這是我們的（物理的和心理的）能力所能做到的，但在這同時我們沒有實行它，這只是一個重言而已。同樣地，說我們不能真誠地同意一個述句，而同時又不相信它，這也只是重言而已。我們可以臨時這樣地描劃述句與命令式之間的不同：真誠地對前者表示同意牽涉相信某些東西之意；真誠地對後者表示同意牽涉（在適當的時機和在我們能力範圍下）做一些事之意。但這種說法太簡單了，需要稍後（11.2）加以限定。

在第三人稱的命令式的情況，同意即加入來確認之意。在相互密切相似的第一人稱的命令式（「讓我做某事」）與決定式（「我會做某事」）的情況，確認與同意是相同的。一個人邏輯上不可能不同意他自己所確認的東西（即使他可能並不真誠地確認它）。

2.3　必須說明的是，我所用的「確認」一詞語，並不是「否定」的相反。對於確認的語句或否定的語句，都是可以確認的。那個否定的記號「不」，通常是直陳語句與祈使語句的片語中的一部分。故對於「你不會把門關起」，可以寫「你在頃刻間不把門關起的事，是的」；對於「不要把門關起」，可以寫「你在頃刻間不把門關起的事，請吧」。包含「可以」（may）一詞

語在內的情態語句,似乎可以通過對肯認部分的否定來表示;故「你可以把門關起」(應允的)可寫成「我沒有告訴你不要把門關起」,而後者又可以轉成「你在頃刻間不把門關起的事,請不要如此」;同樣地,「你可以把門關起」一語句可轉成「我沒有說你不會把門關起」,或「你在頃刻間不把門關起的事,不好」。但這是複雜的了,我們不必管它。

在那篇已經提過的拙文中,我曾指出那些普通的邏輯的連接詞「如果」、「與」和「或者」,在其日常的應用中,像否定的記號那樣,最好被視為語句的片語中的一部分。這表示它們是直陳語句與祈使語句間的共同的基礎。量詞「全部」和「一些」也是一樣,對於它們的一些限定待後再說(11.5)。在日常語言中,這些詞語在祈使語句中的作用,是否邏輯地與在直陳語句中者完全相同,關於這點,我現在不能肯定。縱使不同,也純粹是文法上的偶然結果。在我們已修正過的祈使語句的片語部分,我們可以應用日常的邏輯的連接詞,如同它們被用於直陳語態那樣,來處理那經修改過的祈使語態的各方面,如我們處理那本來的祈使語態的各方面那樣。這可由下面一事清楚見到:我們通過一迂迴的陳述,時常可以放棄簡單的命令式(例如,對鍾斯說「把門關起或把門上制」),以命令式使一直陳語句為真(例如,「使『鍾斯把門關起或把門上制』為真」)。不過,這不能被解釋為允許直陳語態有邏輯的「首要位置」。因我們可以掉換或換轉的方式來做——例如,不說「鍾斯在下午五時已把門關起」,而說「『讓鍾斯在下午五時把門關起』的命令已被遵守執行」。這程序的唯一限制,是祈使語態遠較直陳者為少有,特別是在時式方面。關於這點,後面會涉及(12.4)。

　　由於其共同的片語要素的關係，祈使與直陳語態皆與它們指涉的實際的或可能的情態有很大關係。片語「你在頃刻間把門關起的事」指涉到一可能的情態。這所指涉的，並不受跟著而來的情態所影響。祈使語句與直陳語句兩者都要指涉到它們有關的情態。這表示祈使語句像直陳語句那樣，何能忍受所謂意的檢證理論所要注目的那種混亂之苦；這種混亂，作為片語上的混亂，與述句本身無涉。那些人以為有涉的，只是被誤導而已。一個語句無法意指的其中一個方式，是沒有指涉到任何認明的情態。如「絕對者是綠色」和「讓絕對者被變成綠色」的語句，都以相同的理由而為無意義的，即是，我們不知「綠色的絕對者」所指是何物。有些語句亦會基於同樣的理由不為一些人所了解，雖然對其他一些人是完全有意義的；對於那些不知道逆風行駛（luffing）的涵義的人，「轉舵」逆風航行（luff）便是無意義的。倘若檢證標準被視為是用來非難除直陳語句外的所有語句的意義性的話，那實在是不幸了。〔此下一小段文字無關重要，不譯。〕

　　有些人可能以為排中律不能用到命令式上去。倘若這表示命令式在這方面有些甚麼特殊之處的話，便是錯誤了。若我不說「把門關起」，明顯地這並不邏輯地迫使我說「不要把門關起」。我可以說「你可以把門關起，或不把門關起」；我也可以一話不說。同樣地，若我不說「你會把門關起」，這並不邏輯地迫使我說「你不會把門關起」。我可以說「你可會把門關起，你也可會不把門關起」，我也可以一話不說。但若問我「我會把門關起，抑不會呢」，由於這個問題的用語，除非我拒絕回答，否則我便要答「你會把門關起」，或「你不會把門關起」。「你可

會⋯⋯」並不是這問題的答法。同樣，如果問我「我會把門關起，或不要關起呢」，倘若我要回答的話，我便要說「把它關起」，或「不要把它關起」。事實是，我們的語言有三種語值和二種語值的說法；這兩種說法都可在直陳與祈使語態中找到。

　　另外一種顯示單純的祈使語句在正常情況下是二種語值的方式，是指出對奕棋者的提議——「你下一步是移動你的女皇，或不移動你的女皇」——是分析的（我會在後面（3.3）界定此詞）。這對於奕棋者應怎樣做，並沒有正面的提示，如同「它或者下雨，或者不下雨」的語句於天氣毫無所說那樣。[3]倘若單純的祈使語句的邏輯是三種語值的話，則上面所引的語句便不是分析的；這是多了一個第三的可能性，不移動女皇也非不移動女皇的可能性。這類型的祈使的選言命題並不時常是分析的；例如，人們會很自然地以為「留在屋內或不留在屋內」表示「不要站著擋住出路」之意；但這與如所指的祈使語句了無關涉；這是語句的片語的一種特徵，這可通過與其相應的直陳語句比較見到：「你會留在屋內，或不會留在屋內（即是，你不會站在門口發獃）」。

　　2.4　由於命令式可能相互矛盾這一事實，因而一個命令式若要避免自我矛盾，必須像一個述句那樣，遵守某些邏輯規律。這些規律即是那些用於所有包含於這命令式內的表述式中的規律。在一些表述式——所謂邏輯詞語（logical words）——的情況，這些規律即給予表述式所具有的一切意義。因此，要知道

---

[3]　維根斯坦（Wittgenstein）：*Tractatus*, 4. 461。

「全部」一詞語的意義，即是要知道一個人不能沒有自我矛盾地說一些事物，如「全部人都有死，蘇格拉底是人，但蘇格拉底不有死」。倘若讀者要反省一下他如何判別別人是否知道「全部」一詞的意義的話，他便會了解到，唯一他可能做的，是找出那人所以為的由那些含有「全部」一詞的語句所涵蘊的較簡單的語句是甚麼。「涵蘊」（entail）是一個強語氣的詞語，今日的邏輯家已經不再熱衷於用強語氣的詞語了；要詳細討論其意義，特別是在數學的語脈方面，需要很多頁的篇幅；就我們目下所需，它可精確地被界定如下：語句 P 涵蘊語句 Q；當且僅當以下的情況：某人贊成 P 而反對 Q 這一事實是說「他誤解了其中一語句」的充足的標準。[4]這裏所謂「語句」，是「特定的說者在特定的場合中所用的語句」的縮寫。因為說者可以在不同的場合用不同意義的詞語，這表示由他們的所說所涵蘊的東西亦會不同。我們可以詢問他們其看法所涵蘊的是甚麼東西，以得出它們的意思。[5]

　　現在，「全部」一詞語與其他邏輯的詞語都用於命令式中，如在述語中那樣。因此在命令式之間亦必須有涵蘊的關係，否則

---

[4]　這個定義若能如下伸展，可以包含更複雜的涵蘊關係，如在數學中者。如上的定義，可以算是對直接的涵蘊關係的定義；而非直接的涵蘊關係，可這樣界定，在 P 語句與 R 語句之間有一系列的語句 Q_1，Q_2……Q_n，而 P 可直接涵蘊 Q_1，Q_1 可直接涵蘊 Q_2，等等，而 Q_n 又直接涵蘊 R。但即使這樣，也不可能十分精確。

[5]　有關邏輯的符號如何通過包含這些符號在內的語句的涵蘊關係來界定，參看波柏（K. R. Popper）的〈邏輯的新基礎〉（"New Foundations for Logic", *Mind*, lvi (1947), 193）和〈沒有假定的邏輯〉（"Logic Without Assumptions", *Aristotelian Society*, xlviii (1946-7), 251）。

我們便不能給予用於命令式中的這些詞語以任何意義了。倘若我們要了解某人是否知道在「把全部箱子都拿到車站去」中的「全部」一詞語的意思，我們便要了解這人是否認識到，當一個人同意這命令式，和「這是其中的一個箱子」一述詞，但卻拒絕同意「把它拿到車站去」一命令式時，只有在誤解了這三個語句中的一個的情況下，會這樣做。倘若這種試驗不能應用，則（在祈使語句如同在直陳語句中的）「全部」一詞語便完全無意義了。這樣我們或許可以說，在我們的語言中，祈使語態的全稱語句的存在，其自身便可充足地證明我們的語言容許涵蘊關係；在這涵蘊關係中，起碼有一詞語是命令式。「涵蘊」一詞語，是否要用來表示這些關係，那只是詞彙上的方便而已。我自己則提議這樣用它。

　　在引過的論文中，我舉出一些涵蘊關係的例子，其結論是命令式。由於那些日常的邏輯的字眼出現在祈使語句的片語中，故原則上似乎可以只依片語的詞彙，來再建構日常的命題演算（sentential caluculus），然後加上適當的肯認詞語（neustics），將之應用到直陳語句和祈使語句方面。[6]這樣的再建構的演算會與我們的日常語言相應到甚麼程度，便有待決定了。這與直陳的邏輯的情況，是一個相類似的問題；它的解決，繫於對這演算中的邏輯符號的仔細研究，研究這些符號是否為那些決定邏輯詞語

---

[6]　荷夫斯特脫爾（A. Hofstadter）與麥欽希（J. C. C. McKinsey）在其〈關於祈使語句的邏輯〉（"On the Logic of Imperatives", *Philosophy of Science*, vi, 1939, 446ff.）中曾做過這項工作。但請參考羅斯（A. Ross）在〈祈使語句與邏輯〉（"Imperatives and Logic", *ibid*, xi, 1944, 30ff.）中的評論。

的意義的相同的規則所限制；這些邏輯詞語是我們在日常談話中所應用的。我們可能看到，日常的談話，在不同的語脈中，對於「倘若」、「或者」等詞語的運用，有不同的規則。特別是，它們在直陳語句的語脈中的應用，與在祈使語句的語脈中的應用，可能不同。這些都是要探究的。但這並不影響這個原則：假定我們找到那些規則是甚麼，或設定它們會是甚麼，我們便能研究祈使語句的邏輯，其確定程度與直陳語句者相若。在這裏，如同在他處一樣，並沒有「競爭邏輯」（rival logics）的問題，只有決定我們的邏輯符號的應用（即是，涵蘊的關係）的可替代（aternative）的規則的問題。說只要我們繼續以同樣的意思來運用我們的詞語，其涵蘊關係將不會改變，只是重言而已。[7]

2.5　這裏我們不必牽涉到這些複雜的情況中。在這個探究中，我們只要考究由全稱的祈使語句和直陳的小前提如何推論出單稱的祈使結論。我曾經舉出一個這種推理的例子，我堅持，倘若不能作出這樣的推理，則「全部」一詞在命令式中便沒有意義了。但這類型的推理，由於其中一個前提是直陳式，一個是祈使式，因而引生另外的困難。這推理是：

把全部箱子拿到車站去，
這是其中的一個箱子，
因此，把它拿到車站去。

---

[7]　有關祈使的和直陳的邏輯間的可能不同點的討論，參閱拉特（G. H. von Wright）的〈規範邏輯〉（"Deontic Logic", *Mind*, lx, 1951）。有一重要之點要知道的是，程態的祈使的邏輯，與單純的祈使語句中的邏輯，如同直陳語態的情況那樣，是相異的。

人們可以問，兩個前提是不同的語態，我們如何知道結論是甚麼語態呢？邏輯家曾忽視效果的問題，那是對於前提與結論的語態的推理的效果（或影響）；這些邏輯家並未有把視線置於直陳語態之外，雖然他們並沒有理由忽視這效果——我們如何能指出由一組直陳的前提而來的結論也必須是直陳式呢？但倘若像我那樣，我們視日常的邏輯的涵蘊關係為語句的片語間的關係，這問題便變得迫在眉睫了。我們若設想上面的推理的有效性的理由是這樣：「你把全部箱子拿到車站去的事和這是其中的一個箱子」和「你不把它拿到車站去的事」的片語，是邏輯地不一致的，由於那些邏輯的規則管制著「全部」一詞語的應用，我們如何知道我們不能「與上述的方式不同地」加入肯認部分（neustics）呢？例如，我們可以寫成：

　　把全部箱子拿到車站去，

　　這是其中的一個箱子，

　　因此，你會把它拿到車站去。

而呼之為有效的推理。這當然不是的。

　　讓我先列出管制這方面的事情的其中兩個規則，關於它們的證實的問題，且留待後面處理。這規則是：

　　（一）若一組前提不能有效地只由直陳語句間導引出來，則沒有直陳的結論能有效地從這組前提導引出來。

　　（二）若一組前提不含有最少一個祈使語句，則沒有祈使的結論能有效地從這組前提導引出來。

　　此中，只有第二條規則會在這探究中引起我們的關注。對於這規則來說，有一極其重要的明顯的例外，〔這即是〕所謂「假言的祈使語句」，我會在下一章處理它。現在，讓我們就這規則

的本義看看。這在倫理學中有最深遠的意義。這在我列舉出一些
在倫理學上有名的論證後，便會清楚了。這些論證，似是有意地
或無意地基於它而確立的。倘若我們承認，如我稍後會堅持那
樣，去規定或引導一些選擇，即是說，把一個答案包含到像「我
應做甚麼」的問題方面去，這必須是道德判斷的作用的一個部
分，那麼，這由剛才說過的第二條規則，便可清楚看到，道德判
斷不可能是有關事實的純然述句。蘇格拉底（Socrates）反駁塞
腓留斯（Cephalus）把正義定義為「講說真理，退回由任何人方
面接受過來的東西」，和反駁波勒馬祖斯（Polemarchus）對於
這定義的一連串的申辯，即間接地基於這點而發。[8]當亞里斯多
德（Aristotle）作出與柏拉圖主義最堅強的分裂時，亦間接訴諸
這個規則。這分裂即是，他拒絕善的理念。他列舉其中一個理由
是，倘若有這樣一個理念，則有關這理念的語句便不會是引導行
動的了（「這不會是一你可通過你的行動使之出現的善」）。[9]
亞里斯多德以「由行動來完成的善」，或如他通常所說的「目
的」，來代替事實的、存在的、可以一種超感性的觀察來了解的
善。即是說，他暗地了解到，倘若我們說某東西是善，即是引導
行動的話，則這不能只陳述有關世界的一個事實。他與柏拉圖
（Plato）在倫理學上的分歧，很多方面都可追溯至這個根源。

　　休謨（Hume）的有名的觀察，也是基於這邏輯的規則而
來。他觀察到我們不能由一連串的「存在」（is）的命題，推論
出一個「應然」的命題。他正確地說這觀察「可以推翻全部粗疏

---

[8]　柏拉圖（Plato）：Republic, 331c ff.。

[9]　《尼可馬克倫理學》（*Nicomachean Ethics*, 1096b, 32）。

的道德體系」，並不限於那些在當時已出現的哩。[10]康德（Kant）
的論辯，亦以這個規則為基礎，以反對「作為一切虛假的道德原
則的根源的意志的他律」。他說：「倘若意志……越過它自身，
要在它的任何對象的性質中尋求這規律，其結果常是他律。」[11]
道德的他律原則之所以是虛假的理由是，沒有關於應做甚麼的祈
使語句能由一連串關於「意志的任何對象的性質」的直陳語句中
導引出來，因此也沒有道德判斷能由它導出。

　　我們稍後會看到（11.3），在較近時期，這規則是摩爾（G.
E. Moore）教授的著名的「對自然主義的駁斥」所假定之點。這
也是培利察（Prichard）攻擊勒舒道爾（Rashdall）所假定之點。
[12]實際上培利察的論證是，一個情境的善（他和他所攻擊的人同
視為有關那情境的事實），其自身並不構成我們應該使這情境出
現的理由；我們也需要他（有些誤解地）所說的「會由行動的思
想所引生的祈使性或義務的感情」。實際上，倘若「善」一詞語
以這種式樣來處理，如同很多直覺主義者處理它那樣，則這論證
完全是有效的。因為，那些包含如此地被理解的這個詞語的語
句，不會是真正的價值的判斷，因無祈使語句能由它們導出。[13]
但這種反對意見，不止可應用於「善」的直覺主義的理論中，且
可用於那些堅持道德判斷只有實然的性格的人中，它可應用於培

10　休謨（D. Hume）：《論文》（*Treatise*, iii. I, i）。

11　《道德的形上學的基礎》（*Groundwork of the Metaphysic of Morals*, tr.
　　H. J. Paton, pp. 108ff.）。

12　《道德的義務》（*Moral Obligation*, p.4）。

13　法蘭基拿（W. F. Frankena）在《摩爾的哲學》（*The Philosophy of G. E.
　　Moore*, ed. P. Schilpp, p. 100）中，有同樣的意見。

利察自身。艾耶教授即基於這根本的規則，以一論證來反對一般的直覺主義者。[14]但這全部的情況都只是含蓄地訴諸這規則。就我所知，只有兩處明確地述及這規則。第一處是潘基（Poincaré）的，[15]他曾運用過這規則，這運用對我來說似乎是不合法的，這可由以上的論證而了然。第二處是波柏（Popper）教授的，[16]他正確地說及這規則，表示「可能是有關倫理學的最簡明和最重要之點」。在沒有另外的祈使的前提的情況下，一個判斷倘若不能提供做某些事的理由，它即不是道德的。

---

[14] 〈對於道德判斷的分析〉（"On the Analysis of Moral Judgments", *Philosophical Essays*, p. 240）。

[15] *Dernières pensées*, p. 225.

[16] 〈邏輯能為哲學做些甚麼〉（"What can Logic do for Philosophy", *Aristotelian Society*, Supplementary, vol. xxii, 1948, 154）。又參考其《開放的社會》（*The Open Society*, ii. 51 ff.）。

三、推　理

提要與評論

　　作者開始即就上一章末後提到的那個規則，邏輯地表示如下：

　　　　在一個有效的演繹推理中，不隱含在前提的連合（conjunction）中的東西，亦不會在結論中出現。

因此，倘若在推理的結論中出現有一祈使語句，則在前提中不單止必須有一些祈使語句出現，而且這一祈使語句自身必須已隱含於前提中。作者強調，全部的演繹推理，其性格都是分析的。即是說，其結論都早已包含於前提中。作者因此以為，笛卡兒認為由自明的第一原則，通過演繹推理，可以得出有關經驗事實的科學的結論，不能成立。因為在前提方面，從頭到尾都沒有有關經驗事實的資料，因此也不可能推理出有關這方面的結論。

　　作者特別強調，演繹推理的作用，並不是要在前提中找出不包含於其中的東西，而是要使那些包含於前提的連合中的東西透顯出來。這樣，作者即提出兩個語言的規則：

一、說及在一個有效的推理的前提中的東西，即說及最低限度是在結論中所包含的東西。

二、若任何東西在結論中被說及，卻沒有在前提中被說及，則這推理是無效的。

按這兩個規則的意思，實都包含於演繹推理的分析的性格中。

不過，作者指出，此中有一例外的情況，這即是假言的祈使語句。上面的規則，其普遍性並不充足，因不能概括所有的情況。例如，$x=2$ 涵蘊 $x^2=4$。此中，$x^2=4$ 包含「平方」的符號，那是在 $x=2$ 中沒有的。而要了解 $x=2$，我們不必對這符號的意義有任何所知。作者以為，這符號是外加上去，以加強對詞語的定義，例如「＝」（等號）與「4」的定義。因此，作者以為，對於上面的規則，應作如下的補充：

在一個演繹推理中，在結論中所說的，並沒有超過在前提中所說的。但那些只由於術語的定義的力量而能夠加上去的東西，卻是例外。

這個補充，對闡釋祈使語句的邏輯來說，很是重要。這可解釋假言的祈使語句何以能成立。因為它基本上是一種祈使的結論，卻能由一組純然是直陳的前提導引出來。例如，

你若要到牛津最大的雜貨店，到格廉姆比利·休吉斯去吧

即由

格廉姆比利·休吉斯是牛津最大的雜貨店

而來，這是直陳的前提，而前者則是假言的祈使語句。此中的

（後者中的）「要」，是一邏輯的用語，具有在一附屬子句中的祈使式的作用。

這種導引之所以是有效的，是由於它是來自另一有效的較簡單的推理：

> 你要到牛津最大的雜貨店，
>
> 格廉姆比利·休吉斯是牛津最大的雜貨店，
>
> 所以，到格廉姆比利·休吉斯去吧。

若把大前提（你要到……）搬到結論上去，而成一假言的子句（你若要……），即可得出上面說的導引關係。

在這裏，我們必須指出，作者對假言的祈使語句的分析，欠缺一致性。實際上，他自己亦承認對這種語句的分析是困難的。他一方面說這種語句，如「你若要到牛津最大的雜貨店，到格廉姆比利·休吉斯去吧」，只是傳達一則資料，具有陳述的力量；但又說其中的「要」有祈使的作用。而「要」的用法，有時又被視為描述一種心理狀態，如「我要你把門關起」。作者的看法是，在假言的與非假言的祈使語句之間，難以劃分清楚的界線。例如，在以下四個語句中，其假言的分量即有漸次模糊的傾向：

> 一、你若要到牛津最大的雜貨店，到格廉姆比利·休吉斯去吧。
>
> 二、若要停止火車，便把鎖鏈拉下。
>
> 三、緩慢駕駛，否則你會撞車。
>
> 四、不按時注入滑潤油，使你的車的壽命減半吧。

此中，第一句是典型的假言的祈使語句。第二句是中性的。第三句有一強烈的意味，表示一簡明的、非假言的「緩慢駕駛」的命令。第四句則是諷刺的，具有反對「不按時注入滑潤油」的意

思。最後作者亦說，倘若祈使語句中不包含有「若」的子句，便很難辨別它到甚麼程度是假言的。

　　關於這點，我們似乎可以這樣理解：假言的祈使語句不是直陳語句，卻具有陳述的作用。它是一沒有內容的祈使語句，它的內容，存在於直陳的小前提中。例如小前提

　　　　只有工作才能生存。

引出

　　　　你若要生存，便去工作。

一祈使語句。康德曾提過，意欲目的亦意欲手段。這手段的意涵已分析地包含於目的中。這個說法，很能啟發我們目下正關注著的問題：在一假言的祈使語句中的祈使要素是分析的。如上例對「工作」的催促，便分析地含於那個「你若要生存，便去工作」一假言的祈使語句中。若這樣看，我們似乎可以說，假言的祈使語句應是表示關係的直陳語句。

　　討論到這裏，作者透過對於語句的推理的闡釋，突出這一章的主題──反對笛卡兒所提出的第一原則的自明性，以顯示一般的道德原則不能是自明的。他反對笛卡兒的理由是，第一原則不涉及事實，因此，由第一原則通過演繹的方法所得的結論，亦必不涉及事實。這很明顯地是運用了語句的推理規則。作者的意思是，倘若要由第一原則演繹出有關事實的結論，則這些事實亦必須隱含於第一原則中，這樣，這第一原則便牽涉事實問題，它的正確與否，要指涉事實方面，因此，它不能是自明的。

　　由第一原則進而討論倫理的問題。作者指出，一些倫理學的理論，要由一些「自明」的第一原則，演繹出個別的有關義務的命題，亦是不可能的，其錯誤一如笛卡兒那樣。

　　作者以為，倘若我們認為一個真正是價值意義的道德推理，必須具有「如是如是做」的祈使形式，作為它的目的產物的話，則它的原則必須是這樣一種情況：我們可以連同事實的小前提，從這些原則中演繹出這樣的個別的祈使語句來。他又強調，倘若某一道德體系促使我不要說某一假的個別的事，則它的原則必須包含一祈使式，表示在相同的情境中不應說假的事情。它們也必須包含其他的祈使語句，在所有可預見和不可預見的情境中規範我的行為。這樣一組原則顯然不可能是自明的。

　　由道德原則不是自明，可以否定道德行為的原則的先天的普遍性。作者是否確定地要否定道德原則的先天的普遍性呢？關於這點，並不很明朗。就上面的論點看，他似要否定道德原則的先天的普遍性，而視之為由歸納而來。他稍後提到一個永不要說謊的決定，預認極多個別情況的決定。他以為，我們要先能在個別的情境中作出不要說謊的決定，才能在無數的情境中決定不要說謊。這即表示一不要說謊的規則。這種想法，有歸納的意味，亦即否定人有在先天方面決定不說謊的原則。但在另一處（3.3），作者談到義務的問題，似又不以道德的決定之為歸納性格為然。他表示，倘若「義務」是一價值詞語，則我們不能只通過訴諸詞語的用法，或檢查我們是否有某種心理學的反應，以決定甚麼是我們的義務，卻是只通過作出一道德的決定便可。但如何能作出一道德的決定？則作者並無置答。

　　對於這個問題不加置答，顯示作者還是傾向以道德原則不能是自明的，一如第一原則那樣。作者以為，說某一行為的一般的原則是自明，其意思便不清楚。倘若這表示不可排拒的話，則其不可排拒的幾個可能的理由，都不能成立：

一、那原則是不可排拒，可能由於它是分析的。但倘若它是
　　分析的，便不能有任何內容，不能告訴我應該做某事，
　　不應該做另一事。

二、它之是不可排拒，可能是由於排拒本身是心理學上不可
　　能的事。但心理學上可能與否，只是偶然的性格，此中
　　並無必然性。

作者始終是要貼緊這一章的主題，透過語句的推理的規則，顯示
自明的第一原則的困難，因而也推翻道德原則是自明的說法。

在這一章的後半部，作者即本著道德原則不能是自明一點，
來反省和駁斥一大堆倫理學的理論。他甚至說良心的指引，亦不
能是自明的。理由是，我們有時亦對良心的指引，感到懷疑；即
使不感到懷疑，這良心的指引亦只是有關我們的心理的一種事
實，不能導引出祈使的結論。這種視良心為心理事實的看法，明
顯地顯示作者反對良知的自覺義、價值義，那是與東方特別是中
國的道德哲學的基調很不同的。

作者對倫理學的理論的反省，集中在倫理學本身的鬆散性
（looseness）一點上。很多學者以為，倫理學是站得住的，只是
它的論證鬆散，缺乏嚴格性而已。他們說，道德判斷是好的經驗
命題，只是其檢證方法較日常的表述事實的語句的方法為鬆散而
已。故它們實際上可由事實的觀察推論而得。

作者以為，道德判斷必須要有規範的成素，這是不能通過推
理形式由陳述的語句導出，不管是否有鬆散的情況出現。他強
調，一組不含有祈使語句的前提，根本不能涵蘊對於「我應做甚
麼」一問題的答案。關於這個堅強的論調，作者提出三點理由如
下。

第一，倫理學的申辯者以為，倘若我們具有推理的特別的規則，則可以由一組直陳的前提得出一祈使的結論。作者以為，這些所謂推理的特別規則，只是在一種新的裝束下的舊的行為規則而已。在舊的安排下表現為祈使的大前提的，在新的安排下以推理的規則的姿態再出現。這好像卡納普的做法，把適當的推理規則，加到他所謂的 P 語言（即某一科學的語言）上去，則科學的述句便可以只就其形式被顯示為真的。這實是一巧妙的方式，把科學的真理，〔亦即是實然的真理，〕顯示為必然的。作者以為，問題在，卡納普所謂的「適當的推理規則」，不外是以另一裝束出現的科學的規律而已。舉例來說，倘若我們有一推理的規則，可使我們由「這是一騾子」推論到「這騾子是不孕的」，則這推理的規則，只是以一種新的方式表述舊的「全部騾子都是不孕的」的規律而已。這樣便有一問題發生：把一科學的規律視為一〔邏輯的〕推理的規則是否適當？作者的答覆是，這是不適當的。理由是，邏輯的推理的規則依於邏輯詞語的定義，如「全部」的意思，那是有關詞語方面的；而科學的規律卻是有關實然的世界情況的。兩者本質上並不相干。

第二，這是有關鬆散一點的。作者以為，像「永遠不要說假的事」一類的祈使的原則，倘若要視為推理的規則的話，則這種推理與日常的邏輯規則顯然不同。它是有關在實質方面我們應做甚麼的，而不是文字問題上的。故這種不同是本質性的。但那些倫理學的申辯者則以為這種推理的規則較邏輯的規則為鬆散，本質並無不同，只是程度上有參差而已。作者以為，這是不可接受的。

第三，這種倫理學的申辯的最嚴重的過失，是在我們對行為

的想法方面，忽略了當事人在當前所要作的一項決定：決定是否依照原則來行事。一個完好的演繹推理，只能給予一種對原則的機械的認識。如原則是「永不要說假的話」，則這認識是「倘若說假的話，便會破壞那原則；倘若說真話，便是遵守它」。但它不能提供任何資料，俾當事人能臨場決定是否依原則而行。在這個對倫理學的申辯的反駁中，我們似乎看到作者預示有一可自作決定的道德的主體性，但只限於預示而已，作者未有發揮。

　　總觀這一章的所述，似乎有些複雜。作者的意圖還是不難看出。他是要透過邏輯上的三段推理規則，來確立語句上的推理規則，以顯示道德原則不能是自明的，道德原則不能有先天的普遍性。作者很強調道德原則或判斷的規範的成素，但這些成素不能以推理形式由陳述的語句導出。這樣，便不能不引出道德判斷的來源問題，我們從何作出一道德判斷，表示自己應該做甚麼？對於這個問題，作者並未有回應。這肯定不是一個有關事實資料的問題，因而不能由陳述的語句導出道德判斷，作者也說得很清楚。從東方的思路來看，這顯然是一個道德的自覺自省的問題，即是說，道德判斷是良知的判斷，而良知是自知自明的。從這種脈絡來看，自可建立道德判斷或原則的自明性。但作者在這方面，態度顯得有點曖昧。他否定道德原則的自明性，也對良心或良知持懷疑看法。但在另一方面，他又以只通過道德的決定來說義務，又似預示我們有一可自作決定的道德的主體性。這都符合道德原則的自明的性格。評論到這裏，我們似可得出這樣的印象或理解，作者否定道德原則的自明性，但這否定，是有保留的，是不徹底的；他對道德原則來源的問題，未能交代清楚，而要交代這個問題，又不能不談道德原則的自明性。

本　文

3.1　　一祈使語句不能在一有效的推理的結論中出現，除非在前提中有最少一祈使語句。這個規則可以就一般的邏輯的探究來加以確認。一般來說，大家都承認這樣的說法，就定義來說即是真的：（先就粗淺方面說，）在一個有效的演繹推理中，不含在前提的連合（conjunction）中的東西，亦不會在結論中出現。由是可得，倘若在結論中出現有一祈使語句，則在前提中不單止必須有某一祈使語句出現，且這一祈使語句自身必須隱含於其中。

這些想法廣泛地關連到道德哲學方面，我們會較詳盡地解釋它們。現在已很少人像笛卡兒（Descartes）那樣，以為由自明的第一原則，通過演繹推理，可得出有關經驗事實的資料的科學的結論，像血液的循環那樣。[1]維根斯坦（Wittgenstein）和其他的人的工作，已相當清楚地表示出這種做法的不可能的理由。有人曾論證過，全部演繹推理，其性格都是分析的；這在我看來，很有說服力。即是說，演繹推理的作用，並不是要由前提中找出不隱含於其中的「另外的東西」（即使是如亞里斯多德的意思者（2.4）），而是要使那些隱含於前提的連合中者透顯出來。這已被證明是由語言的本性而來的。因為就我們所已知道的，我們說及任何東西，必須遵守一些規則；而這些規則──特別指（但並不限於）為那些所謂邏輯詞語的應用而設的規則──的意思

---

[1]　　參考《方法論》（*Discourse on Method*）第五部分。

是，第一，說及在一個有效的推理的前提中的東西，即說及最低限度是在結論中所包含的東西；第二，若任何東西在結論中被說及，而這東西在前提中沒有隱含地或明顯地被說及，則這推理是無效的。除非我們認許推理的有效性，不然，我們便不能說是充足地了解前提和結論的意義。因此，若有人認許全部的人都有死和蘇格拉底是人，但卻不接受蘇格拉底有死，我們的正確的做法，並不是申斥他患有某種邏輯上的近視病，如同有些人有時提議的那樣，而是說「你顯然並不了解『全部』一詞語的意義；倘若你了解的話，你便知道如何處理這樣的推理了」。

3.2　剛才所述的原則，並沒有足夠的普遍性以概括全部的情況。例如，$x=2$ 涵蘊 $x^2=4$；但我們不能就此便說，在後一表述中，沒有說及任何東西——這東西並沒有在前一表述中被隱含地說及；因為後一表述包含「平方」的符號，而要了解 $x=2$，我們並不必對這符號的意義有任何所知。因此，我們必須說，在結論中決沒有說及任何東西——這東西在前提中並沒有隱含地或顯明地被說及，但那些只由於術語的定義的力量而能加上去的東西，卻是例外。這個限定，對祈使語句的邏輯來說，是重要的。因為，如我曾提醒讀者那樣，有一種祈使的結論，能被涵蘊於一組純然是直陳的前提中。這便是所謂「假言的」祈使語句。必須指出，並不是全部含有一假言的子句的祈使語句都是這種意義的假言的。例如，「若任何述句都是不真的話，便不要作它了」一語句，便不是「假言的」，如「假言的祈使語句」這一表述式是以傳統的方式被運用的。甚麼是「假言的」祈使語句，這最好通過例子來闡明。此中的主題這樣困難，我無法很充量地處理它；

但一些解釋是必須的。

　　試研究一下以下的語句：

你若要到牛津最大的雜貨店，到格廉姆比利‧休吉斯
（Grimbly Hughes）去吧。

這似乎是由

格廉姆比利‧休吉斯是牛津最大的雜貨店。

而來，而所說也不外乎此。此中首先須解釋的是「要」（want）
一詞語的分位。這並不是「為一種稱為欲望的感情的可認明的狀
態所影響」的意思。倘若我是一宗教教團的長官，可以頒布禁
令，完全克制所有欲望的話，我便不能對一個新入行者說「你若
有一到牛津最大的雜貨店的欲望，便到格廉姆比利‧休吉斯去
吧」，因這會與禁令相抵觸。但我可以說「你若要到牛津最大的
雜貨店，到格廉姆比利‧休吉斯去吧」；因這只是傳達一則資
料，說最大的雜貨店是格廉姆比利‧休吉斯。「要」在這裏是一
邏輯詞語，具有在一附屬子句中的祈使式的作用。這是很多困擾
人的問題中的一種；這些問題的生起，是由於把那些包含「要」
一詞語在內的語句視為時常描述心理狀態者而致。（1.3）

　　現在試看下面的語句：

若全部騾子都是不孕的，則這動物是不孕的。

這是涵於「這動物是一騾子」一語句中的。要作出這推理，我們
只需知道「全部」和其他用及的詞語的意思便可。我們必須知
道，這推理之所以是有效，是由於另一較簡單的推理是有效之
故，即：

全部騾子都是不孕的，

這動物是一騾子，

　　　　因此，這動物是不孕的。

我們可以把大前提從其原來的位置拿走，將之移到一假言的子句
中的結論方面去，這樣便可得出較複雜的推理形式。

　　　以下的推理，亦可以相同的方式來處理：

　　　　到牛津最大的雜貨店，

　　　　格廉姆比利・休吉斯是牛津最大的雜貨店，

　　　　因此，到格廉姆比利・休吉斯去。

這可轉成：

　　　　格廉姆比利・休吉斯是牛津最大的雜貨店，

　　　　因此，若到牛津最大的雜貨店，到格廉姆比利・休吉斯。

一般來說，我們這樣地寫出這結論：

　　　　你若要到牛津最大的雜貨店，到格廉姆比利・休吉斯去
　　　　吧。

要作出這個推理，我們只要知道「要」和其他用於結論中的詞語
（包括祈使的動詞形式）的意義便可。

　　　另外的例子是「你若要弄斷你的發條，便在那時刻繼續駕駛
吧」。此中的完整的推理是：

　　　　做一切的事，務求弄斷你的發條，

　　　　在那時刻繼續駕駛，便會弄斷你的發條，

　　　　因此，在那時刻繼續駕駛吧。

這例子中的說者，為了鄭重地把聽者的注意力引到小前提的真確
性上去，而指出他目下的駕駛方式是這小前提和一大前提的有效
的結論。明顯地，聽者並不接受大前提。在這例子中，不免有
「能促成某個目的的手段」的概念；但第一個例子顯示出，這個
概念不必定存在。

其他有關的表述形式是：

若要停止火車，便把鎖鏈拉下。

緩慢駕駛，否則你會撞車。

不按時注入滑潤油，使你的車的壽命減半吧。

在這三者間，有一明顯的差異。就鎖鏈實際上會否被拉下一點來說，第一個例子是中性的；因而要加上「不善運用罰款五鎊」。第二個例子則不是中性的，它有一種強烈的意味，表示簡明的、非假言的「緩慢駕駛」的命令，而「否則」可代以「你若不」。第三例子是一古怪的表述。像「你若要弄斷你的發條，便在那時刻繼續駕駛吧」那樣，它是諷刺性的；實際上，它有不同意子句「不按時注入滑潤油」的意思。它取自一個實際的廣告，略去了商號的名字。

就祈使語句是假言的來說，它具有陳述的力量，像價值判斷那樣。（7.1）理解或提供假言的子句，便像理解正在被應用的價值的標準那樣。在任何實際上沒有「若」的子句包含在內的個別情況，實不容易說出祈使語句會到甚麼程度被視為假言的。我們不能假定，所有非道德的祈使語句都是假言的，因這實非真確故。關於機件的操作的指示，構成一有趣的邊緣的事例。我們會說「接上有標示的電源插頭」是假言的麼？我們會說我們要明瞭「你是否要用你的真空吸塵器來清潔你的地毯，而不需昂貴的修理」麼？這些問題是難以回答的。我們當然可以了解那些指示，和照著去做，而不必知道它的用意。這些情況並非顯示假言的與非假言的祈使語句之間沒有歧異之處，而是其界線難以劃分開來。

說假言的祈使語句是「實際的直陳語句」，恐怕會引起誤

解。它們自然有陳述的力量，而由直陳語句所涵；但 $x^2=4$ 由 $x=2$ 所涵，我們仍不應說前者實際上不是一個二次方程式。對於不了解「平方」的符號的意義的人來說，這不會是可理解的。再者，這個符號在這裏並無特別的意義，而與它的其他用法不同。同樣地，「你若要到牛津最大的雜貨店，到格廉姆比利‧休吉斯去吧」並不是一直陳語句；對於那些曾學習過直陳的動詞形式的意義而未學習過祈使的動詞形式的意義的人來說，它不會是可理解的。而那祈使的動詞形式在這語句中，並沒有特別的意義。康德的提議，最能描述此中的情況：在一假言的祈使語句中的祈使要素是分析的（「意欲目的者……亦意欲手段」），因在那兩部分的祈使語句互相抵消對方之故。它是一祈使語句，但作為祈使語句，它是沒有內容的；它所有的內容，是直陳的小前提中者，它即由這直陳的小前提導出。[2]

　　現在提出兩點建議，以供進一步研究假言的祈使語句之用，這裏我們不能多作討論了。第一點是，在假言的祈使語句中的「若」，其邏輯的分位，與在語句如「若任何述句都是不真的話，便不要作了」者有些不同。若要把後者分析為片語與肯認部分，我以為，「若」應放在片語方面；整個語句可轉換為：

**　　在任何述句都是不真的情況下，你不作它，請吧。**

或者轉換為：

**　　你不作不真的述句的事，請吧。**

但在真正的假言的祈使語句，「若」一子句包含一祈使的肯認部

2　《道德的形上學的基礎》（*Groundwork of the Metaphysic of Morals*, tr. H. J. Paton, pp. 84-85）。

分。那是隱含在「要」一詞語背後的。我仍未知道如何才能把這些語句分析得最好，我有這種想法，不同的語句，應根據它們的「假言的」程度，以不同的方式來分析。倘若定言的要素完全地被埋沒，如在「你若要弄斷你的發條，便像你現在那樣繼續駕駛吧」的情況，則可運用後設語言學的分析：

> 「像你現在那樣繼續駕駛」一命令式可以由一實然的真的小前提和「做一切的事，務求弄斷你的發條」一大前提（你顯然不會同意這大前提）推理而得。

但這只是那較寬廣的問題的一個部分，那是對於一般的假言的語句的分析的問題，目前仍是不很清楚。

第二點建議是，假言的祈使語句與在價值判斷的意義中的陳述的要素二者間的關係，會使你繼續做的研究不會白費。先前的建議——有些假言的祈使語句可以後設語言學的方法來分析，顯然與我稍後稱為價值判斷的「引號」的用法有關連。（7.5）可以穩妥地這樣預定：假言的祈使語句的邏輯，將會被視為如價值詞語的陳述的用法那樣地細微、靈活和多樣化的。

3.3　現在讓我們放下這個困難的問題，返回笛卡兒方面去。在這章的開始，我總結了有關推理的看法，此中顯示出，笛卡兒式的做法，不管是在科學或道德方面，都是無望的。倘若我們要求任何科學給出有關事實方面的結論，如果其方法是演繹的話，則這些結論必須隱含於前提中。這顯示出，在我們充分理解我們的笛卡兒式的第一原則的意義之前，我們必須知道它們（只加上詞彙的定義，）涵蘊多方面的命題，如所有騾子都是不孕的，或人的心臟是在其身體的左面，或太陽距離地球有如此多

哩。但倘若所有這些事實都隱含於那第一原則中，則後者便很難稱為自明的了。我們至少部分通過觀察，以發現像這樣的事實；由公理而來的推理，是不能取代其位置的。人們曾討論過不少有關純粹數學的地位問題，迄今仍未明瞭。我們似乎最好視純粹數學與邏輯的公理，是對用於其中的詞彙作出定義。即使是這樣，倘若某一科學旨在告訴我們事實，像上面說的事實那樣，則它不能像純粹數學那樣，只以演繹的推理為基礎。笛卡兒的錯誤在把完全不同性質的研究，同化到純粹數學方面去。

　　不管是以純粹數學或邏輯的形式的演繹法，都不能取代觀察的位置；但這並不表示演繹法便是觀察的附屬物，而一無用處。科學利用表述式（expressions）；除非我們能演繹，不然的話，那些表述式會變得全無意義。「天平上有三克重，沒有其他了」一語句，對於那些不能由此而導出「天平上有一克重，再一克重，再一克重，沒有其他了」的人來說，是沒有意義的。反之亦然。

　　在倫理學中亦可持同樣的看法。許多以往提出來的倫理學理論，在性質上，都可公平地稱為「笛卡兒式的」；即是說，它們要由一些自明的第一原則，演繹出個別的義務來。那些前提很多時容許事實的觀察，雖然這會使那些容許它們的理論不完全是「笛卡兒式的」，但這並不影響我的論證。在道德中的笛卡兒式的程序，如同在科學中那樣，都是虛妄的。如我稍後會表示出，倘若我們認為一個真正是價值的道德的推理，必須具有「如是如是做」的祈使形式，作為其目的產物的話，則它的原則必須是這樣一種情況：我們可以連同事實的小前提，從這些原則中演繹出這樣的個別的祈使語句來。舉例來說，倘若某一道德體系促使我

不要說這一假的個別的事，則它的原則必須隱含地或顯明地包含一祈使式，表示在像我現在置身其間的情境中不應說假的事情。同樣地，它們必須包含其他祈使語句，在所有可預見和不可預見的情境中規範我的行為。這樣一組原則顯然不可能是自明的。要同意一個非常一般性的命令式，如「永不要說假的事情」，較之同意個別的命令式，如「不要說這件個別的事，它是假的」，並不是更為容易，而是更為困難。如同採納所有騾子都是不孕的假說，較之承認這個剛死去的騾子不會有後裔的不可懷疑的事實，更為困難和危險哩。一個永不要說假的事情的決定，預先包含一個有關極多的個別情況的決定，只知道它們有以下性質：它們都是說假的事情的事例。這當然不是一種可反對的詭辯，要避免在這種式樣中使自己作出承諾。當我們有作出這些決定的經驗，我們最後可能發現自己是可以接受那一般的原則的，這是很真確的事。但假定我們第一次碰到「我現在應說假的事情麼」的問題，而沒有過去自己的或他人的決定來指導自己。我們應如何對待這問題呢？我們當然不會通過「永不要說假的事情」一自明的一般性的原則來推論，（以作出決定；）因為倘若我們連在這些個別的情境中應否說假的事情都不能決定，我們又如何能決定在無數的情境中應否說假的事情呢？這些無數的情境，除了在這方面都是說假的事情的事例外，對我們來說是一無所知的。

　　同樣的論點，可以用另一方式來表示。若一命題涵蘊另一命題，則對第二命題的否定，亦涵蘊對第一命題的否定。這是邏輯上已建立了的原則。另一較強的類似的原則，也是有效的；即是，倘若我知道一命題涵蘊另一命題，則對第二命題的同意表示懷疑，亦即是對第一命題的同意表示懷疑。譬如說，倘若我知道

「全部騾子都是不孕的和這是一騾子」一命題涵蘊「這（騾子）是不孕的」一命題，則倘若我對同意「這（騾子）是不孕的」一命題表示懷疑，我必須對同意「全部騾子都是不孕的和這是一騾子」表示懷疑；這表示我必須懷疑「全部騾子都是不孕的」或「這是一騾子」。現在，倘若我們對有關說假的事情作完全相同的推理，便會得到下面的結果。由於我對應否作出這假的述句有懷疑，我必須對同意「不要作出這述句」一命令式有懷疑。但倘若我對這命令式有懷疑，則我必須對「這述句是假的」一事實的前提有懷疑（假定這個可能性被否棄），或對「永不要說假的事情」一祈使的前提有懷疑。這樣便可得到，那些有助於決定我們有所懷疑的個別問題的一般性原則，沒有一條能是自明的。

「笛卡兒式的」道德體系的不可能性，可以另一方式來表示，這與剛才解釋的非常相似。說某些命題是「自明的」，這是甚麼意思呢？那是一點也不清楚的，說一行為的一般原則是自明，其意思尤其不清楚。倘若這樣的原則在某一意義下是不可排拒的話，我以為，此中只能有兩個理由。首先，可能是這樣，倘若排拒它是自我矛盾的話，則一行為的原則是不能排拒的。但倘若排拒一原則是自我矛盾的話，這只能由於這原則是分析的。但倘若它是分析的，則它不能有任何內容；它不能告訴我做某事，而不做另一事。「分析的」一詞語──我們會有很多機會用它，可足夠精確地界定如下：一語句當且僅當下面任一情況，是分析的：(一)某人反對這語句這一事實，是說他誤解了說者的意思的充足標準。(二)它是由某些語句所涵蘊，而這些語句是在(一)點的意義下為分析的。一個不是分析的或自我矛盾的語句，稱為綜合的。當然這些定義是不夠精確的；對於「分析的」和「綜合

的」的意義的詳盡探討，是在本書的範圍之外了。

　　第二，我們可以這樣提議，一個行為的原則可能在這種意義下是不可排拒的：它的排拒是心理學上不可能的。但甚麼是或不是心理學上不可能的，只是一偶然的事件而已。對於我來說，要排拒一原則可能是心理學上不可能的，但較堅強的或通於世故的人卻可能沒有困難地拋棄它哩。我們永不能找到根據，以肯認沒有人能排拒一個原則，除非這原則是分析的。復次，排拒一個原則的心理學上的不可能性，是有關人們的心理結構的事實。而由一事實，或由把它紀錄出來的直陳語句，並不能導引出祈使的表述方式。

　　第三種解釋，有時亦被討論過；它基於一個價值詞語的引入。可以這樣說，一個原則雖然是邏輯地和心理學地可排拒的，但可能排拒它是不理性的（一個理性的人可能不能排拒它）。有時，對於「理性的」，我們有其他的表述方式，如「一個在道德上有發展或在道德上有教養的人」，或「一個能幹的和無私的仲裁人」。這都是價值的表述方式。因此我們要問：「決定一個人是否落於這些類型中的標準可能是甚麼呢？」顯然我們不能說，對於原則的排拒自身即可證明那排拒它的人在這些方面不夠資格。因為這樣我們的自明的標準便會是循環的了。因此，此中必須要有一些其他的方式，以找出一個人是否是理性的。但「一個人是否是理性的」的問題，必須是事實的問題，或者是價值的問題（或者是兩者的結合）。但倘若它是一純粹是事實的問題，則我們不能由像「某某是理性的」和「某某發覺不可能排拒那原則……」般的事實的前提，得出祈使的結論。但倘若它全部是或部分是一價值的問題，則有兩個可能：或者是對這問題的答案在

某些意義下是自明的，（在這種情況，我們的自明的標準又會是循環的；）或者是我們在我們的推理中，至少有一既不是事實的也不是自明的成素。因此，這第三種可能性必須被排除開來。

　　由這些看法可得到，倘若一般的道德原則的作用是規範我們的行為的話，即是說，是連合著直陳的小前提來涵引出對「我應否做這個別的事情呢」一類型的問題的答案的話，則這些一般的道德原則不能是自明的。倘若這種對道德原則的作用的看法是可以接受的話（稍遲我會給出此中的理由），則它會提供一最終的說法，駁斥一大堆倫理學的理論。舉例來說，倘若有一個哲學家告訴我們，我們應該時常如我們的良心告訴我們那樣地去做，這是自明的；我們必須這樣答覆，由於我們時常對應否做一些事，如我們的良心告訴我們者，感到懷疑，則這一般的原則便不能是自明的了。即使我們從來不在這點上感到懷疑，這亦只是有關我們的心理的一種事實而已，由此並不會引出祈使的結論。在所選擇的例子中，「良心」當然必須被視為一個名稱，表示一可識別的心理學的事件。倘若它被視為一價值問題，不管某一心理學的事件是真正的良心或是喬裝著良心的聲音的魔鬼，那原則顯然屬於以下一段落的問題。

　　這種一般性的倫理學理論通常以一種設計來隱藏它們的謬誤的性格。對於這種設計，這裏可作一簡單的敘述；詳盡的了解，要待我們討論了價值詞語的邏輯之後。倘若那被擁護的一般性原則包含一個價值詞語，則我們可以視之為分析的，以使之成為自明的。當那相同的價值詞語在實然的小前提中出現時，則可被視為是陳述的。例如，我們可宣稱「我們應盡我們的義務」的原則的自明性（因為是分析的），然後展開論證，以一些找尋事實的

程序（即是，通過訴諸一種稱為義務感的機能，或通過檢查「義務」一詞語在我們的社會中曾應用到甚麼樣的行為方面去，而稱這些行為為「義務」），來確認甚麼是我們的義務。由這個論證，我們便可只基於「一個人應盡他的義務」和「某事是我的義務」兩前提，而得出「我應做某一個別的事」的結論，而有「做某事」的祈使式。此中，「一個人應盡他的義務」是自明的，「某事是我的義務」是實然的。但這是一語多義（equivocation）的。倘若「義務」是一價值詞語，則我們不能只通過訴諸詞語的用法，或檢查我們是否有某種心理學的反應，以決定甚麼是我們的義務，卻是只通過作出一道德的決定哩。在另一方面，倘若不視「義務」為一價值詞語，而視之為具有「我對之有某種可認明的心理學的反應」或「在我的社會中『義務』一名普遍地用於其上」的意思，則「一個人應時常盡他的義務」的原則，便不是自明的了。

3.4 　此中的要旨是相當可驚異的。在上一章我曾舉出一些理由，表示道德的體系倘若其原則被視為純然是實然的話，便不能實現規範我們的行為的作用。在這章中，我已表示道德的體系倘若是基於自明的原則的話，也不能實現這種作用。此中的議論，倘若被接受的話，收拾了差不多所有休謨所謂的「道德的粗鄙的體系」。我們可以看到，大多數倫理學的作家——他們對那些只淺薄地研究道德的體系的人似是可信賴的，都受到這些弊端的一些害處。在一些大作家如亞里斯多德、休謨和康德的作品中，雖然不難間中發現這些弊端的痕跡，但若能正確地被了解，這些作品是可以在主要的義理方面避免那些弊端的。現代邏輯研

究的首要效果，是要使一些哲學家對道德作為一種理性的活動，感到失望，那是不必令人驚異的。

　　這本書的意圖，是要表示出他們感到失望，未免為時過早。但上面的論證的效果是那樣地慘烈，致我們可以問：「你在開始時不已把問題作為不可解決的來處理麼？在你的議論中沒有一些瑕疵麼？沒有被過分強持的二分成分麼？沒有一些過分嚴格地被求解的標準麼？我們不可以稍為緩和一些，在這災難中救回一些東西麼？」特別是，我對「涵蘊」一詞語的用法是例外的。可以這樣說，就此詞語的嚴格意義言，雖然我已表示出道德判斷和祈使語句不能由實然的前提所涵蘊，但在它們之間仍有一些較涵蘊作用略為鬆散的關係。例如，杜爾民（S. E. Toulmin）先生說到：

> 一個倫理學的論證，包含一些邏輯的（論證的）推理，一些科學的（歸納的）推理，和一些特別是對倫理學的論證的推理形式，我們可通過這形式，由實然的原因引導到一個倫理學的結論——這我們可自然地稱為「估值」的推理（'evaluative' inference）。[3]

　　由於我曾在對杜爾民的書的書評[4]中討論過有關這個義理的特殊版本——它避免了那個我要引起大家注意的最粗疏的錯誤，這裏我只想對這樣地處理那問題的進路作一些一般性的評論。

---

[3]　《在倫理學中的理性》（*Reason in Ethics*, p. 38）。
[4]　*Philosophical Quarterly*, i, 1951, 372.

　　讓我們先看看這類型的理論的歷史。它的直接的起源，我想可以清楚地在檢證主義學派的作家對倫理學的攻擊中找到，他們攻擊倫理學作為哲學的一個分支。那理論的意圖，是要通過一種做法，從這攻擊中挽救倫理學。它表示，道德判斷畢竟是好的經驗的命題，只是它們的檢證方法不同於和稍鬆懈於日常的表述事實的語句的方法而已。因此它們實際上可由事實的觀察推論而得，只是方式較為鬆散。

　　其實這點由開始已是錯了。一個述句，不管它與事實的連繫如何鬆散，是不能回答「我應做甚麼」一類問題的；只有命令式能回答。因此，倘若我們堅持道德判斷只是對事實的鬆散的述句，則我們是在排斥它們，使它們不能實現其主要作用。因為它們的主要作用是規範行為，它們必須被理解為具有祈使的或規範的力量，才能這樣做。由於我目前的工夫不是有關這樣的道德判斷者，我將留待稍遲處理「道德判斷的規範的力量如何關連到它們通常亦具有的陳述的力量方面去」一問題時再行討論。目前我所關心的，是那更為根本的問題，即是，哪一類的推理具有對於「我應做甚麼」一類問題的答案，作為它們的目的產物？很清楚地看到，在我們清理了這更根本的問題之前，我們對道德判斷的規範的力量，是不能多說的。這裏我們只需表示，雖然規範的與陳述的可以在同一個判斷中結合起來，但何以陳述的不是和永不能是規範的呢？換句話說，我現在要給出理由，以解釋我們不能通過推理形式，不管它是如何鬆散的，從一組並不隱含一個祈使語句的前提中，得出對於「我應做甚麼」一問題的答案。

3.5　　我持這論點的理由有三：首先，以為一個祈使的結論

可以由純然的直陳的前提導出〔的說法〕，會引致以言詞的事物（matters）替代實質的事物〔的結果〕。在這方面，回想一下卡納普教授在物理規律方面的相應錯誤，是有趣的。卡納普曾認為，把適當的推理規則，加到他所謂 P 語言（即是，某一科學的語言）上去，則這個科學的述句可以只由於其形式便被顯示為真的；這樣說，即是把那些述句同化到一般所謂分析的述句上去──雖然卡納普自己稱那些述句為綜合的，而他在一特別的意思上用這個詞語。[5]這可以說是顯示科學的真理如何可以說是必然的一種巧妙的方式，而解決了麻煩的「歸納的問題」。但倘若我們問「這些推理的特別的規則是甚麼」，則它們仍不外是以另一裝扮出現的科學的規律而已。由是，倘若我們有一推理的規則，可使我們由「這是一騾子」到「這（騾子）是不孕的」的話，則明顯地看到，我們的推論的規則只是以一種新的方式表述舊的「全部的騾子都是不孕的」的規律而已。這樣便有一問題發生：「把一科學的規律視為一推理的規則是否適當？」我們很自然地說這是不適當的；因為，如上面提到過的波柏的研究已闡明了，我們可以顯示日常的邏輯推理的規則依於邏輯詞語的定義（2.4 註 5）。例如，我們可以由「全部騾子都是不孕的和這是一騾子」推理出「這（騾子）是不孕的」一語句，這是「全部」一詞語的意義的一部分。因此，倘若我們要把科學的規律同化到推理的規則方面去，我們便要顯示出，它們同樣要從所用的詞語的意義得出；例如，我們要顯示出，我們能夠由「這是一騾子」轉到「這（騾子）是不孕的」的理由，與「騾子」、「不孕的」等詞

5　《語言的邏輯的語法》（*Logical Syntax of Language*, pp. 184-5）。

語的意義是有關連的。但這樣說，卻犯了墨守成規的過失，這過失已在華萊特（von Wright）教授的著作中表示出來。[6]「全部騾子都是不孕的」一語句告訴我們一些東西，那不是關於詞語的，而是關於世界的；因此它不能被視為是定義，或者與推理的邏輯的規則相類。〔此下不譯〕

　　有關行為方面的情況，亦是同樣的。我正在攻擊的觀點以為，倘若具有推理的特別的規則，我們可以有這樣的推理：由一組直陳的前提得出一個祈使的結論。倘若我們問「這些推理的特別的規則是甚麼」，顯然它們並不是甚麼，只是在一種新的裝扮下的舊的行為的規則而已。在舊的安排下表現為祈使的大前提的，在新的安排下以推理的規則的姿態再出現。我所提議用來決定這兩種處理方式的優點的標準，亦如以前那樣。讓我們取一個例子來看。假定我說「不要說它，因為它是假的」。我們是要把這議論寫成：

　　S 是假的。

　　因此，不要說 S。

抑是要加上「永遠不要說假的事」一祈使的大前提呢？倘若是後者，則就日常的邏輯的規則來說，那推理是有效的；但倘若是前者，則我們必須要有一特別的推理規則，這規則將只是在另一身分下的這一祈使的大前提。我們要選取哪一種情況，這有影響麼？可以確定地說，倘若我們所關心的，是要把這兩方面區分開來的話，那是有影響的。這一方面是有關我們的行為的一般的原則，這些原則是有內容的，它告訴我們要做或不要做某些在我們

6　《歸納法的邏輯的問題》（*Logical Problem of Induction*, ch. iii）。

外在的行為方面的事；這另一方面則是邏輯的規則，這些是規則，不是為了（產生）正確的行為的規則，而是為了（產生）正確的說話與思想的規則，另外，倘若我們相信波柏的話，這些規則並不是有關我們的行動，而是有關所用的詞語的意義。

這個論證亦可用來反對那個把行為的規則還原為價值詞語的定義的理論；因為在那種情況，關於一個人應該如何作為的議論，亦會轉成僅是文字上的爭論。假定一個共產主義者和我在議論有關我應否做某一 A 事；假定在他的原則來說，我不應該做該事，但在我的原則來說，我是應該做的。一個對「我正在攻擊的那種類型的理論」的擁護者可能這樣看這個爭論：每一爭論者都有自己的方式，去檢證「我在這些情境下應該做 A 事」；而這些方式是不同的。因此，為了避免這樣的爭論，我們最好以兩個不含糊的詞語，去代替那個含糊者。例如，那個共產主義者應該用某種意義的「應該」，去指那個為他的檢證規則所管制的概念，而我亦應該以另一意義的「應該」，來指我的概念。但問題卻在，現在這個爭論，並不只是有關我們之間的文字上的誤解問題，我們卻是在我應該做（不是說）甚麼方面起分歧哩；倘若他說服了我，我的行為將會在本質上不同於我不為他說服時的了。

3.6　我反對這種處理方式的第二個理由是，倘若一個人要把鬆散性引入我們有關行為的談話上去，這亦要弄清楚這鬆散性的本質在於甚麼；我自己亦不清楚此中所要提出的是甚麼東西。為了論證（的方便）起見，讓我們假定我們可以自由地視那些原則──像「永不要說假的事」，為推理的規則；我們便要問，這些推理的規則在哪一方面與日常的邏輯的規則不同呢？我已給出

自己的答案了，它們的不同，同於科學的規律與邏輯的規則的不同，因為它們是有關實質方面的，不是文字方面的——雖然在這種情況的實質方面並不是有關事實者，而是有關我們應做甚麼者。我正在批評的那類型理論所給出的答案是，這些推理的規則較邏輯的規則為鬆散。由是，倘若我說「這是假的，但說它吧」，我自己並沒有矛盾，只是把那個較鬆散的規則打破了，以至於使如下的推理

　　S 是假的，

　　因此，不要說 S。

成為「一般地」有效的。我們可以作這樣的辯論，以支持這種處理方式：我們確是時常說「不要說 S，因為它是假的」，這說法大抵是立根於剛才所說的推理上；但這並不是一嚴格的涵蘊關係，因為當我說「S 是假的，但說它吧」，在日常中我並不會被視為是自我矛盾。

　　因此我們要研究，說一個規則「一般地」但不是普遍地有效可能指甚麼意思。說「永不要說假的事」一規則是這類型的規則，似是合理的。因為實際上我們確是認為在多數的情況下遵守這規則是對的，但我們也認為在例外的情況下違背它是對的，例如為了策略方面的利益，為了要贏得戰爭，為了要從殺人的瘋子方面救回無辜的人。現在我起碼可以想到兩種方式，在這兩種方式中，一個規則或原則可能是不完全地有作用的。第一種方式是當那規則規定某種行為是要在某些情境下表現的，但大家都明白到倘若它只在大多數的事例中表現出來，仍是足夠的；一些例外是可容許的，倘若這些例外與整體比較起來在數量上不占太大的比重的話。大學生在學期間不要歇息一星期的原則，便是此中的

一個例子。顯然一個大學生偶然一兩次歇息，即使是一星期，我們是不以為有害的；但倘若他每個星期都歇息，或大部分日子都歇息，那便會有嚴重的問題了。明顯地，那個有關不要說假的事的原則，不是這種性質，因為我們不會說「你間中說說假的事，那是沒有問題的，只要你不那麼常說便可」。

這第一類的鬆散的原則的顯著的性質是，對於它的例外，只限於數目而已，並不由其他方面決定。倘若那大學生不時常歇息的話，則他在何時歇息一星期，是無關重要的。故何時做出對這原則的例外情況，可由他自己決定，只要次數不太多的話。他在這個星期歇息，而不在那個星期歇息，對這原則來說，並無影響。它不會建立一個新的遊手好閒的先例，那是先前沒有的。因此我們可以說那原則是靜態的，與它的例外情形相對。

另外一種「鬆散的」原則的情況，卻是非常不同，「永不要說假的事」即屬於這種。此中，例外的情況並不由數目來限定，而是由事例的類型的獨特性來限定。我們並不說「一般來說要講真話，但有時說說假的事是不妨事的」，卻說「一般來說要講真話，但在某些類型的情況，不必堅持這原則；例如，為了救人，你可說假的事，另外還有其他你必須想法知道的例外情況」。這類型的原則與第一種很是不同。那個決定也是留待當事人在個別的情況下作出，那是不錯的；他必須決定應否視之為例外；但他所決定的，是很不同的。那個決定是否要歇息的大學生，不必要問自己這是否屬於應視為例外的類型中的一個例子。就第一種原則來說，此中並無例外的事例的不同類型，此中只有例外，這些例外與那原則在其中被遵守的事例並無本質的區別。但在「不要說假的事」的原則的情況便不同，在決定應否視之為例外時，我

們不必想及「我是否最近已然破壞這原則呢」，而是要考慮到
「在這一情境中是否有些東西使這情境不同於一般的呢？這種不
同，使我要把像這樣的情境列入一個特別的類型，而視之為例外
呢」。因此，本著這方面的規則，即使是例外，亦不外是我所要
說的原則的決定；因為，在視它們為例外方面，我們實際上是在
調整那原則哩。在那些例外與原則之間，有一動態的關係。

　　由是，倘若我們說第二種原則是鬆散的，很明顯地，我們是
嚴重地誤解了。在行為上的鬆散性，一般被視為壞事，而倘若哲
學家們宣說行為的原則是鬆散的，那便危險了。因為我們不能期
望一般的人充分地理解到那些原則在甚麼意義下被稱為鬆散的。
他很容易地以為，它們是像第一類原則那樣；他同時會想到，既
然它們是鬆散的，他便不必時常遵守它們，只要在表面上做出個
樣子便可。但我們的行為的原則，實在像多數的技術的原則那
樣，在這個意義下，是完全不鬆散的。它們之有例外，正是一種
表徵，顯示我們盡可能使之發生作用、使之嚴格的願望，並不表
示任何本質的鬆散性。因為我們所做的一切，以容許例外的類
型，並不是使那原則變得更為鬆散，而是更有作用力、更嚴格
哩。假定我們以一個永不要說假的事的原則開始，但卻視之為臨
時的，因為意識到其中可能有例外。又假定我們決定作出一個例
外，這例外是說謊，俾在戰爭的時候誘騙敵人。這個規則即變成
「除了在戰時誘騙敵人外，永不要說假的事」。當例外變成明顯
和包含在原則的行文中，那原則即不較其前為鬆散，卻是更為緊
密。在一個具有很多事例的大類型中，其例外的可能性本來是敞
開的，需要我們自己去決定，其位置現在卻是規定好了；那原則
宣示，在這些情境下，我們可以說假的事。

　　我們即通過容許例外的類型，來調整那些原則。對於這種方式的簡明的陳述，只概括那些事例；在那些事例中，那原則自身即通過文字而被陳述出來。這些文字確定無疑地顯示出，我們應如何去認明那些落入那原則範圍內的事例。「永不要說假的事」即是這種原則的一個例子。不過，很多時那些原則被敘述成那個樣子，致我們不能視那問題（即一個事例是否落入那些原則範圍的問題），為一純然是事實的問題。很多時（雖然不是時常），這是由於那原則自身除了包含那些必須用來敘述一個行動的原則的祈使的動詞或價值詞語外，更包含其他價值詞語，這些價值詞語充塞了那本來是純粹的陳述的詞語所占有的位置。例如，我們可以用不同的方式來表示我們的有關虛偽性的原則：「不要說『謊話』。」我們可能跟著會容許一個說謊話的例外情形，這說謊話並不意味著要誘騙，而是為了其他的用意，例如，要使他人發笑。由是我們可以說，講述一個關於某個人的故事──這故事大家都知道是有趣的但卻是假的，並不算說謊。我們之所以能夠這樣說，是因為「說謊」並不意味只是講述虛假的事，而是意味講說應受譴責的虛假的事哩。因此我們可以（實際上有時是這樣）在真謊話（lies proper）與小謊話（white lies）之間作一區分。真謊話都是應受譴責的；在另一方面，據《牛津英語字典》（*Oxford English Dictionary*）的說法，小謊話則是「一個有意識的不真的述句，它不被視為罪惡的：它是一種就其動機言是可原諒的或值得讚許的虛假性」。在所有這樣的情境中，對於那原則的調整，採取一種變換的方式，這並不是它的實際的行文的變換，而是條件的變換，那原則即在這些條件之下被應用；即是說，這是那具有決定性的字眼的外延的變換，或者如我稍後所稱

呼的，這是那原則的陳述的意義，保留著它的估值的意義。關於
這點，如哈特（H. L. A. Hart）教授對我指出過那樣，即是法律
上的原則如何時常為司法上的決定所修飾———一如決定應否適當
地稱那個間中被擲到街中來的板球為一種「騷擾」那樣。被談論
著的這個詞語，不須是一價值詞語；它可能是一陳述的詞語，其
意義是這樣地鬆散，致可以容許這樣的處理。這樣的決定當然會
使那規律變得更為精確，而不是更為鬆散。那個詞語的外延可能
會改變了，它或者只變得更為精確。這類型的決定，是決定一個
特殊的知覺類型。這不是如亞里斯多德有時所想像的獨特的知覺
練習。[7] 關於這點，不須特別指出了。我們自然是知覺該類型的
事例的不同點，但我們是決定這不同點是否足以令人視之為例外
哩。

　　由是，像「永不要說假的事」一類的原則，絕不是在某些方
面本來是不可挽救地鬆散的，我們的道德的開展的一部分任務，
正是要把它們由臨時的原則轉換成精確的原則，確定地規定好它
們的例外情況。這項工作當然永不能完滿作成，但它在任何個別
的一生時限中，都時常在繼續進展著。倘若我們接受和繼續接受
這樣的一個原則，我們便不能破壞這項工作，和讓這原則原封不
動，像在那個有關歇息的規則的情況那樣。我們要決定是否要遵
守那原則和拒絕去調整它，或者破壞它，和通過容許一個例外的
類型來調整它。倘若那原則實際上本來是鬆散的，我們可以打破
它，完全不去調整它。在下一章我會較詳盡地討論我們如何發展
和調整我們的原則。

7　*Nicomachean Ethics*, 1109[b]23, cf. 1126[b]4.

3.7　　我現在正在批評的那些類型的理論，其最嚴重的過失，是它在我們對行為的想法方面遺漏了一個因素，這因素正是道德的本質。這即是決定。在我已討論過的兩種原則方面，在某個意義來說，那原則都不夠普遍，那是因為在一些個別的情況，它留待當事人自己去決定是否應該依照原則而行。像這樣應用一個程序的「推理」一詞語，是會引起嚴重誤解的。當一個人說「這是假的，所以我不會說它」，或說「這是假的，但我仍會說它，視之為我的原則的一個例外」，他所做的，遠較推理為多。一個純然是推理的程序並不會告訴他在任何一個屬於這原則的情境中應該說這兩者中的哪一者。他自己要決定說哪一者。推理就在於這樣說：倘若他說假話，他便會破壞那原則；倘若他說真話，他便會遵守它。這是一完好的演繹的推理，對於它，不須再說其他東西了。在此之外他怎樣做，便完全不是推理了，而是一些很不同的東西，即是，決定是否要改變那原則。

　　我曾經說過關於行為的原則涵蘊個別的命令式的方式。這裏我看不出要收回這些說法的理由。這涵蘊關係是尖銳的。我們必須研究的，不是在涵蘊關係中的鬆散性，而是我們形成和調整我們的原則的方式，和這程序跟那些個別的決定之間的關係。那些個別的決定是我們在這程序的途中作出的。

四、原則的決定

提要與評論

顧名思義，這章討論的是原則性的決定問題。作者先指出，一般來說，倘若我們要作出一個決定做某事，需依循兩個因素，這相應於三段論法中的大前提和小前提。大前提是行為的原則，小前提則是一個述句。

反面方面亦是一樣。倘若我決定不說某些事，因為它是假的，我是本著一「永不說假的事」的原則，依推理而達致這個結論。這即是

> 永不說假的事
>
> 某事是假的
>
> 因此永不說某事

要注意的是，關於小前提（某事是……）方面，我們必須知道一些它所涉及的事，否則便不能作決定，要做或不要做某些事。

跟著作者強調原則的重要性。他以為，我們做任何事，都要有原則。倘若沒有原則，則大多數學習的事情都不可能。實際上，我們所學習的，時常是一個原則。我們學習做任何事，絕不是學習做一件個別的事，卻是學習在某種情況下做某一類的事，這即是學習一個原則。按此中所謂原則，其實指一種技術意義的

方法。

　　由原則說到決定的問題。決定是要以原則為基礎的。作者以為，一個人即使能知道他每做一件事的效果是甚麼，但若把握不到做事的原則，則他每作出一個決定，都要概括地考察所有可供選擇的行動的效果，這樣，在他的一生中，便不會有很多時間作很多的決定。但若能把握到原則，便可以很快知道在某種類的情境中應該怎樣做了，因此他便能很快作出決定。

　　作者顯然很重視決定的重要性。他指出，在大多數的情況來說，教導別人，並不在於使他能夠無錯誤地完成一個固定的程序，而是提供給他自己決定的機會，俾他能當機決定如何處理問題，如何應付個別的情況。

　　討論到這裏，作者鄭重提出原則的決定問題。他指出，所有的決定，都在某些程度下是原則的決定。決定與原則在整個過程都在交互作用著，而不分開。假定我們有一個原則，使我們以某種方式和在某些情境中表現行為。又假定我們置身於這原則的情境之下，但又有一些其他以前未遇到過的因素。我們便會提出這樣的問題：

　　那原則是否能概括這樣的情況？

　　此中是否應有例外？

對這些問題的答覆，將是一個原則的決定。倘若我們決定這應是一例外，那便是以一個例外來調整那原則。

　　甚麼是一個原則的決定的例子呢？作者舉出，在學習駕駛車輛的事例中，人家教我在減速或停車前，要發出信號，但未教我在緊急停車時如何做法。若有一小孩在車前躍進，我卻沒有發信號，卻以兩手按住駕駛盤。這樣，我即接受了發信號的原則，卻

附有一個例外：在緊急關頭按住駕駛盤會較發信號為好。這樣，我便作了一個原則的決定。

原則的決定如何關連到道德的問題上呢？作者基本上是從社會現象與學習的角度來看這點。他舉康德與科學家為例。康德以為，我們必須作出我們自己的原則的決定。科學家亦必須倚賴他自己的觀察。這決定與觀察有一分別：一個觀察當完成後，便成為大家所有；但決定都是要當事人自己在每一情境中作出。不過，兩者亦有相通處。科學家的「對其他人的觀察的信心」，最後得立根於他自己的觀察與判斷之上。但對於社會上既有的成果，他們還是先吸收的。科學家畢竟不用重寫在教科書中已有的東西，而可視之為當然的，因而可致力於他自己的個別的研究。在道德方面來說，一般人亦會整體地接納長輩的原則，通過自己的決定，來精巧地運用，俾能適合自己的情境。在一個有組織的社會中，道德便是這樣地維持穩定狀態，同時又能適應轉變中的情況。但這穩定狀態亦有解體的危機。後輩從先輩方面承受道德原則，照著這些原則來行事，結果，他們作出「原則的決定」的能力便衰退。一有變化（例如戰爭或工業革命），便會因生活環境不同而發現原有的原則不夠應用。他們自己又不能作出新的原則的決定，因而處於不安狀態。他們不知道應該堅持和排拒哪一些原則。

不過，作者並不那樣悲觀。他以為這種狀態可以導致一些舊原則的叛徒提出新原則，開展一個道德的實驗。一般人也會重新學習，為他們自己決定生活的原則。這樣，道德會重新獲得它的力量。

就道德原則的決定一點來看，作者似乎很堅持學習的方法與

立場，這在上面已很清楚地看到。至於所謂道德的自覺或直覺，作者似不大以為然，他甚至以道德的直覺的基礎在於學習。在較先，他曾指出，由於我們曾學習過如何表現行為，故我們具有道德的「直覺」；由於我們學習表現行為的情況不同，故我們具有不同的道德的「直覺」。在這一章的最後部分，他提到在道德上的客觀主義與主觀主義的對比。客觀主義者強調由父親傳承下來的固定的原則，主觀主義者則認為必須要由兒子方面作出新的決定。作者認為，要在道德上變得成熟，便要通過學習，作出原則的決定，把這兩個表面上是相互衝突的趨向調和起來。這便要學習怎樣運用「應該」的語句。

很明顯，作者是以經驗主義的眼光來看道德問題的。如何是對，如何是不對，我們應該做甚麼，不應該做甚麼，基本上都要通過學習來解決。我們是否先天地便具有道德判斷的能力，或道德的良知，知道甚麼是應該做的，甚麼是不應該做的？這在作者看來，殆是否定的。一切都需要通過學習來解決。學習是經驗上的事，而決定應該如何處理事情，也得看後果如何，這都是經驗性格的。這種道德觀，令人想起我國的荀子。他最強調學習的重要性，卻不講道德的良知。經驗主義者看道德問題，便是如此。

本　文

4.1　在關涉到要作出一決定去做某事方面，有兩個因素。第一個即使可能在理論上不出現，第二個總會在某程度時常出現。它們相應於亞里斯多德式的實用的三段論中的大前提和小前提。大前提是行為的一個原則，小前提則是一個述句；這述句差不多充塞著關於我們實際上應該在做的事，假若我們做了擺在我們面前的選擇中的某一次的話。倘若我決定不說某些事，因為它是假的，則我是本著一個「永不（或在某些條件下永不）說假的事」一原則而為的，我必須知道這些我正在猶豫應否去說的事是假的。

讓我們先處理那小前提，它的困難較少。很明顯地，我們做這事或那事，除非我們最低限度知道一些有關我們應要做的事，否則我們是不能決定要做甚麼事的。譬如說，假定我是一個僱主，我正在考慮是否要解僱一個職員，他時常在應該上班的時間之後才出現。倘若我解僱他，我便使他的家庭失去了依以為生的金錢，又可能會影響我的公司的名聲，致其他職員見到有其他工作時會辭退，等等；倘若我保留他，我便要使其他職員去做他本來應做的工作，這樣公司的事務便不會進行得像所有職員都準時般迅速了。這些都是我作決定時要考慮的因素。這些都是可能做法對全部情況的影響或效果；那可能的做法是，解僱他或不解僱他。決定我要如何做的，是那些效果；我即要在那兩組效果之間作出決定。關於一個決定的重要之點，是這決定會對將來出現的事，造成一種差異；這差異亦即是這兩者之間的差異：一者是某

一決定的效果，另一者是另一決定的效果。

　　有些倫理學的作家似乎暗示過，在某些情境，考慮及做一些事的效果，是不道德的。他們說，我們應該盡我們的責任，不管事情的效果如何。但就我所用的「效果」一詞語來說，這種說法是不應堅持的。我並不是在提出（壞的意義的）「方便」的要求，來反對「責任」。即使是盡我們的責任——只要是做著某些事情，亦會引起在整個情境中的某些變化哩。在那些在整個情境中可以影響到的變化中，無疑地，大多數人都會同意我們應該考慮某些較有關係的因素（道德原則的用意，即在告訴我們哪些較其他的更有關係）。我並不以為效果的切近性或迂遠性有甚麼分別，雖然它們的確定性或不確定性是有分別的。人們以為，不能糾正一個不公正的事例——其效果會使快感增至最大限度，是不道德的，其理由不在於在這樣的一個選擇中，那效果本來不應被考慮及的，而卻被考慮及了。其理由卻在於某些效果——即是，快感的增至最大限度——本來不應視為有關係的，但由於那些其他效果的前此的需求，卻被視為有關係了。這些其他效果本來應該在於糾正那個不公正的事例的。

　　在那些當我們考究過價值詞語的邏輯之後便會變得瞭然的理由中，最重要的一點是，在以文字來闡發一個關於要做甚麼的論證方面，不要容許價值詞語在小前提中出現。在說明那情境的事實方面，我們應盡量使自己接近事實。熟習這些詞語的邏輯因而在事先被提醒過要提防它的陷阱的人，可以由於喜歡簡約，而忽略這警惕；不過，對於那些缺乏經驗的人來說，最好還是把價值表述式（value-expressions）保留在它們所屬的地方，即在大前提中。這樣可以防止不慎地加入一個意思含糊的中詞〔的情況出

現〕。我並不是說在討論那情境的事實時，我們不應容許用任何可能有估值意義的詞語，因為就估值的意義瀰漫於我們的語言中來說，這殆是不可能的。我的意思只是，由於我們是在小前提中應用那些詞語，我們必須確實地知道，我們有（其自身並不包含估值作用的）確定的試驗，以決定小前提的真或假。在上一段我即以這樣的意思來運用「快感」一詞語，雖然它並不常是這樣用的。

4.2　這裏試考究一下一個假想的例子，俾把那兩個前提的關係弄得清楚一點。假定一個人具有一種特別敏銳的洞察能力，能夠知道他所有可以選擇的行動的各方面的效果；又假定他到目前為止並未為自己確立出行為的原則，或沒有人教他那樣做。在決定可選擇的行為的途徑方面，這個人是充分地和精確地知道他的決定的。沒有任何既定的原則，我們便要問，他在得到一個決定之前，會受到甚麼困擾呢？無疑地，他可以在兩個途徑中間作一選擇；即使說這種選擇是必然地隨意的或無基礎的，也是奇怪的；因為，倘若一個人最精確地知道他正在做的一切，和他在不這樣做時的另外做法的一切，他的選擇即不算是隨意的。我所說隨意的意思是，倘若那選擇是通過擲毫子來決定，而不問效果方面，則那選擇是隨意的。倘若我們問這人：「為甚麼你選擇這組效果，而不選擇那組呢？在這許多效果中，那一種使你這樣決定呢？」他對於這問題的答案可能有兩種。他可能說：「我不能給出任何理由；我只是感覺到要這樣決定。下一次，倘若選擇是一樣的話，我可能會有不同的決定哩。」在另一方面，他可能會說：「那是某種因素使我這樣決定的；我是有意要避免某種效

果，而要選取某種東西的。」倘若他是第一種答案，我們可在那詞語的某些意義下說他的決定是隨意的；（雖然，即使在那情境，他仍有一些理由這樣選擇，即是，他只是感覺到要這樣決定。）但倘若他是第二種答案，我們便不能視之為隨意了。

讓我們看看這第二類型的答案包含些甚麼。雖然我們曾假定那人並沒有既成的原則，但若他是第二種答案，這即顯示出他要為自己形成一些原則；因為，由於那效果是某種東西，因而去選擇它，即是開始本著一個原則——要選擇某些效果——來做。在這個例子中，我們可以看到，要本著原則來做，預先並不必在某些意義下已具備一個原則；可以是這樣，決定以某種方式來做，是為了這樣做會有某些效果，這即是同意一個行動的原則，雖然不是必要在任何恆常的意義下採用它。

通常的人並不如我們設想的例子中的人那樣幸運。他們要在對未來完全沒有任何知識的情況下開始。而當他們得到知識，這知識亦不是這種直覺的。我們所具有的對於未來的知識——除非我們有特別敏銳的洞察力，或是先知——是基於我們自己所有的預測的原則。預測的原則是行動的一種原則；因為，預測即是以某種方式來行動。由是，邏輯地說，雖然沒有辦法防止一些人完全沒有原則來做，防止他們以第一種答案所顯示的隨意的姿態來作出他一切的抉擇，但實際上，這亦永不會發生的。再者，我們對於未來的知識是零碎的和只是或然的；因此，在很多情境中，我們所有的原則並不是「選擇這種效果，而不是那種」，而是「你不能確實知道那效果會是怎樣；但選這個吧，不要選那個，這個效果很可能是那種——如果你知道時你亦會選的那種」。重要的是，要記著在這種情況，「很可能」和「很大機會的」是價

值詞語；在很多語脈下，「很可能會是這樣……」可充足地轉成「有好的理由（或證明）使我們相信是這樣……」。

4.3　我們目下可以區分開何以我們具有原則的兩個理由。第一種理由適用於任何人，甚至是一個對未來有完全預見的人，總之是由於某些東西具有某種屬性因而決定選擇它的人。第二種理由適用於我們，因為我們對未來實在沒有完全的知識，又因為我們實際上所具有的這種知識包含一些原則。現在，在這些理由之外，必須再舉第三個。倘若沒有原則，大多數教人的事都不可能，因為所教的，在大多數的情況來說，都是一個原則。特別是，當我們學習去做一些東西，我們所學習的，時常是一個原則。即使是學習一個事實或被人教以一個事實（如旁遮普的五條河流的名字），亦是在學習如何回答一個問題。這即是學習「當被人問及『旁遮普的五條河流的名字是甚麼』時，便回答『某某河流，某某河流，等等』」的原則。當然我並不表示，學習做任何事情即是學習以強記的方式來背誦一些全稱的祈使語句。這樣便會使我們墮於惡性倒退了。因為學習去背誦是一種學習，必須有它的原則，但這樣我們便要學習背誦那些背誦的原則了。此中的問題，毋寧是這樣，學習做任何事，絕不是學習做一件個別的事，卻是學習在某種情境中做某一類的事；這即是學習一個原則。如學習駕駛一例，此中，我所學習的，不是現在去轉換聯動機，而是當機件發出某種聲音時，便轉換聯動機。倘若不是這樣，則教學便完全無用了。因為，倘若一個教員所能做的，只是告訴我們現在轉換聯動機的話，則為了要告訴我們在每一事件中何時要轉換聯動機，他便要一生坐在我們旁邊了。

因此，沒有原則，我們不能從長輩方面學習任何事物。這表示，每一代的人都要從起步點開始，教導他們自己。即使每一代的人都能夠教導他們自己，他們也不能沒有原則；因為自我教導像所有其他方面的教導那樣，是原則方面的教導。關於這點，我們可再回到我們設想的例子。讓我們假定我們的具有敏銳洞察力的人本著一些原則作出他的一切選擇，但時常當選擇作出後，忘記了那原則是甚麼。因此，每當他作一決定，便要概括地考察所有可供選擇的行動的效果。但這是很浪費時間的做法，在他的生命中，他便不會有閒暇去作很多決定。他會把全部時間用來決定像要舉右足抑或左足那樣的事務，永遠不能達到我們所謂的比較重要的決定。但倘若他能夠記起他所本之而行的原則的話，他的處境便會好多了；他可以學習到在某種類的情境中如何做；他可以學習很快地把一個情境的有關面相勾劃出來，包括那些不同的可能的行動的效果，因而能夠很快地選擇和在很多情境中習慣地選擇。因是，他的經深思熟慮的決定的力量，便能解放開來，去作更重大的決定。當那個傢俱匠學習了如何不需多費心思地塑造一個鳩尾榫頭時，他便有時間考慮到像那個既成作品的比例和美感外形方面的事了。在道德領域中，我們的行為亦是一樣，當那些較輕微的責任的行事成為習慣中的一個項目時，我們便有時間去思考更大的責任問題了。

在教導他人方面，在實踐上，有一個限制。超過了，便要自學。在教導時可能遇到的條件的多樣性，即表示這個限制。在一些情境，這多樣性會比其他情境為甚。一個陸軍中士可以告訴一個新手差不多所有有關在操演中固定刺刀所要知的事，因為在一情境中在操演中固定刺刀，與在其他情境中者是一樣的；但一個

教車師傅只能開始去教他的學生駕駛的技術，因為在駕駛中所遇到的條件是很多方面的。在大多數的情況來說，教導他人，並不在於要使學員能夠無錯誤地完成一個固定的程序。在最基本的指導方面，其中一個必須包含的項目，是給予學員自己決定的機會，以核驗那些教了給他的原則，甚至要作某些調整，以適應個別的情境。最初教給我們的原則是臨時性的（與我在上一章所討論的「永不要說假的事」的原則非常相似）。在最初的幾個階段之後，我們的訓練，便在於應用這些原則，並使它們較有恆久性；我們通過我們自己的決定，不斷應用它們，有時還要出之以例外哩。在這些例外中，有些是我們的導師指出的，即某些情境對那原則來說，是例外的例子；有些例外則是我們自己決定的。這種做法，並不比我們的具有敏銳洞察力的人要在兩組效果中作一決定更為困難。倘若我們通過經驗知道，依從某一原則會得出某些效果，以某種方式來調整它又會得到某些其他效果，則我們便會知道應用哪一原則的形式會導致我們所要追求的效果了。

　　我們可以通過已經提過的學習駕駛的例子，顯示出這種調整原則的程序。例如，別人告訴我要使車停止時，時常要把車駛到路邊；但後來卻告訴我當我要在轉向右邊的小路之前停車，這便不適用了——因這樣我必須在近路的中間處停車，俾能轉彎。稍遲我又知道，倘若這是一個沒有燈號控制的交叉口和倘若我見到轉彎並不會阻礙任何交通時，在這操演中，根本是不必停車的。當我掌握了對於這規則的一切調整的經驗，和對於一切其他規則的相似的調整的經驗，而能夠自然地如所應調整那樣實行起來，我便可以說是一個好的司機了；因為我的車時常置身於馬路的適當位置上，以適當的速度來行駛，等等。除了其他方面以外，一

個好的司機應該是這樣，他的動作是這樣精確，如那些原則所規定那樣，他通常是不必先想一下便知道怎樣做的，那些原則對於他來說，已成為一種習慣了。不過道路的條件是極其多樣化的，故把一個人的駕駛弄成一種慣性的事，也不算聰明。一個人永遠不能確知他的駕駛的原則是完全的──實際上，一個人可以很確切地知道它們是並不完全哩。因此，一個好的司機不但能通過習慣駕駛得好，且能不斷留意他的駕駛習慣，知道是否有可改良之處。他是永遠不停止學習的。[1]

　　駕駛的原則，像其他原則那樣，通常並不是通過絮絮不休的言說來開示的，卻是通過事例、指示和其他手法來宣示的。關於這點，不須指出了。我們並不是通過規條來學習駕駛，而是通過對於駕駛的個別的步法的指示來學習。那些規條通常只是解釋或記述我們要承受的指示而已。之後，我們自己嘗試那些個別的操作，做得不好時受到批評，做得好時受到稱許，這樣，漸漸地便掌握到優良駕駛的多方面原則的要點。我們的指示雖然不是紙上談兵，但畢竟我們所學的是一些原則。〔以下不譯〕

　　很多時，那些司機知道在某一情境中應該怎樣做，但卻不能用說話把他們所本著來做的原則宣示出來。就所有種類的原則來說，這是一件非常普遍的事。捕獸者很知道在哪裏布置他們的陷阱，卻時常不能解釋何以他們會在某一特定的地方布下一個陷阱。我們都知道如何用說話來傳達我們的意思；但倘若一個邏輯家促使我們對我們所用過的一個詞語給出精確的定義，或它的用法的精確的規則，我們便會時常感到茫然了。這並不表示陷阱的

---

[1]　　Cf. Romans 2^{21}.

布置或詞語的運用或汽車的駕駛不依據原則來進行。一個人可以知道如何去做，而不知道怎樣去解釋——雖然就教導一種技能來說，倘若我們能夠解釋它，那是較容易進行的。

我們千萬不要認為，倘若我們不用怎樣想過，便能夠在一途徑與另一者之間作出決定，這即必然地暗示，我們具有一些神秘的直覺的機能，告訴我們怎樣做。一個司機並不是通過直覺來知道何時去轉換聯動機的；他之所以知道，那是由於他曾經學習過，和未有忘記之故。他所知道的是一個原則，雖然他不能用文字把那原則確立起來。這對於那些有時被稱為「直覺的」道德的決定，也是一樣。由於我們曾學習過如何表現行為，故我們具有道德的「直覺」；而就我們曾經如何學習表現行為來說，我們便有不同的道德的「直覺」了。

倘若以為為了要使一個人成為好的司機，所有要做的事是告訴他或諄諄地教導他很多一般的原則，這樣便錯了。這漏掉一個因素：決定。當他開始學習後，很快便會面臨一些情境；那是那些臨時的原則教他需賴調整來應付的情境。他便要決定如何做了。他很快便會發覺哪些決定是對的，哪些是錯的，部分的原因，是由於他的導師告訴他，部分則由於他曾見過那些決定所引起的效果，因而決定將來不要帶來這樣的效果。我們千萬不要犯這樣的錯誤，以為決定與原則居於兩個分離的領域，在任何點都不會相遇。除了那些完全是隨意的之外，所有的決定，都在某些程度下是原則的決定。我們時常在為自己設置先例。並不是一個原則把一切解決至某一點，而一個決定即在那點之下把一切處理好的。而是這樣，決定與原則在整個領域中都是交互作用的。假定我們有一個原則，使我們以某種方式和在某些情境中表現行

為。又假定我們發覺自己置身於一些情境中，這些情境落於那原則之下，但卻有某些其他特徵，是我們以前未遇過的，這些特徵使我們提出問題，如「那原則是否真正被視為涵蓋像這樣的情境呢？或者那原則是否不完滿地被標示呢——此中是否有一個情境是屬於應被視為例外的一個類呢？」我們對這些問題的答覆，將會是一個決定，一個原則的決定，如那個價值詞語「應該」的用法所示者。倘若我們決定這應該是一個例外，我們便是以一個例外來調整那原則。

譬如說，假定在學習駕駛中，人家教我在減速或停車前，要發出訊號，但未教我在緊急停車時如何做法。倘若一個小孩在我的車前面躍過，我沒有發訊號，卻以兩手按住駕駛盤；這樣即是我接受前面的原則，附帶這個例外：在緊急關頭，握住駕駛盤會較發訊號為好。這樣我便作了一個原則的決定，即使是憑一時的衝動。要理解在這樣的情境中的情況，即是理解價值判斷的作成的多個方面。

4.4　我並不想這樣就學習的方式方面太深入地論及駕駛的原則和行為的原則的比較。我們也必須知道其中的一些不同點。首先，「好的司機」的表述式本身便是含糊的，到底以甚麼標準來說，並不清楚。這可能只是以熟練性為標準；我們可以說一個人是好的司機，倘若他能夠自如地控制他的汽車，我們可以說：「他雖然是一個非常好的司機，但卻從不顧及其他的道路使用者。」在另一方面，我們也希望一個好的司機同時具有道德的品質；根據這個標準，一個司機雖然能夠熟練地駕駛，但卻從不想及他人的方便與安全的話，我們並不說他是一個好的司機。在實

際上，要在這兩種良好駕駛的標準中間劃出一條界線，並不容易。這裏還有一個第三的標準，根據這個標準，一個司機倘若能夠契合那些頒布下來的良好駕駛的原則，例如《高速公路規則》，便可說是好的司機。由於那《高速公路規則》是本著一個確定的用意而編製成的，故這標準與第二個標準在很大程度上相應。

其次，對於駕駛的指示，可有兩種看法：

(一)我們最初確立了某些目標，例如，要避免碰撞，而那指示即旨在教人一些做法，務要實現那些目標。根據這種看法，良好駕駛的原則即是假言的祈使語句。

(二)我們最初教導學員那些根據實際經驗得來的規則，他們漸漸才發覺那些目標是甚麼，那指示便是為這些目標而設。

我們不要以為(一)或(二)點自身即可對我們的程序作出完全的交待。應用哪一種方法，主要由學員的成熟程度和智力來決定。在教導非洲士兵駕駛時，我們可能較喜歡用第二種方法；倘若我要教導我的兩歲兒子駕駛，我要用現在正在採用的同樣的方法，以便教他當我自己在駕駛時，不要干擾那些操縱的裝置。在另一方面，對於一個具有高度智力的學員，我們可能會應用接近第(一)點的方法。

我們不要這樣想，以為第二點的方法是完全沒有其位置的，即使就最理性的人來說。可能是這樣，即使是比較愚蠢的學員，也會立刻了解和接受避免碰撞的願望；但一個好的司機所要注目的，除此之外，還有一大堆目標哩。他要避免引致多種可以避免的對於他自己和他人的不便；他要學習避免做出那些會損毀他的

車輛的事，等等。在開始時不需要確立一個「對於可避免的不便的避免」的一般目標；因為「不便」是一價值詞語，學員在具有駕駛經驗以前，他是不會知道哪一類情境算是可避免的不便的。那個一般的目標或原則，在我們通過詳盡的指示來給予它內容之前，是空的。因此在開始時，時常需要在某程度下教導學員做些甚麼，留待他自己稍遲去找尋那個原因。因此我們可以說，雖然道德原則——這些我們在未成長時被教給我們——多數是以第二點的方法被教給我們，而駕駛的原則多數以第一點的方法被教給我們，但在這兩種原則之間，在這方面並無絕對的區分。我剛才所說首先要學習做些甚麼，和有關一般的目標在初時的空泛性，那是從亞里斯多德方面借來的。[2]在駕駛的原則與行為的原則之間的一個基本的區別是，以亞里斯多德的詞彙來說，後者是前者的「構造基礎」；因為若要衡定良好駕駛的目標（安全、對他人引起不便的避免、性能的保持，等等）的話，最後是訴諸道德方面的。[3]

不過，以為我們只有一種方法學習一種技藝或任何其他原則的體系，或只有一種方法印可某一個別的決定，是愚蠢的。此中實在有很多種方法，我亦曾經嘗試盡量使上面的敘述一般化，俾可以概括它們全部。一些道德方面的作者有時說，我們要訴諸效果方面來印可一宗行為；而我們可以通過訴諸一些原則，知道應追求哪些效果，應避免哪些效果。這是效益主義者所持的理論，他們要我們注意效果方面，就效益的原則來檢視它們，看哪些效

---

[2]　*Nicomachean Ethics*, i.4.

[3]　Op. cit. i. I, 2.

果能產生最大的快感。在另一方面，有時有人（如杜爾民先生）[4]
說，一宗行為可以直接訴諸那行為所遵守的原則來印可，而對於
那些原則，又可訴諸由時常遵守它們而得的效果來印可。有時有
人說我們應該遵照原則行事，而不理效果；雖然由於上面所舉出
的理由，「效果」在這裏不能被理解為我所用過的那種意義。這
些理論的錯誤並不在於它們的所說，而在於它們的假定：它們告
訴我們去印可行為或決定做甚麼的唯一的方式。實際上，我們是
以所有這些方式來印可和決定行為的；例如，倘若有人問我們為
甚麼做 A 事，我們說，「因為它是屬於 P 原則下的一個例
子」；倘若要我們印可 P 原則，我們便會歸到遵守它和不遵守
它的效果方面去。但有時當有人問我們「為甚麼做 A 事」的同
樣問題，我們會說，「因為倘若我不做它，E 事會發生哩」；而
當問到 E 事發生會有甚麼問題時，我們會訴諸一些原則。

事實是這樣，倘若有人要求我們盡可能完全地印可任何決
定，我們便必須歸到效果──把內容交給決定──和原則兩方
面，與及由遵守那些原則而來的一般性的效果，及其他方面，直
至使問者滿足為止。因此，對於一個決定的完全的印可，包含對
於它的效果的完全的探究，加上對於它所遵守的原則的完全的探
究，再加上對於由遵守那些原則而來的效果的完全的探究──因
為效果亦會予原則以內容的。因此，倘若被迫使完全地印可一個
決定，我們便要對那種生活的方式作一完全的說明；這決定即是
生活中的一部分。在實踐中是不能給出這完全的說明的；最接近
的做法，是由那些偉大的宗教所給出的，尤其是那些能指證出歷

---

[4]　《在倫理學中的理性》（*Reason in Ethics*, pp. 144 ff.）。

史人物——他們在實踐中實現那生活的方式——的宗教。但假定我們能給出那個完全的說明。倘若問者仍繼續要問「但為甚麼我應這樣地生活呢」，我們便不能再給予進一步的答覆了，因為由於假設我們已說出可以包含在這進一步的答覆中的一切東西了。我們只能要求他作一決定，決定他應取哪一種生活方式；因為最後一切都要立根於這樣一個原則的決定之上。他必須決定是否接受那種生活方式；倘若他接受，我們便可進而印可基於這生活方式的那些決定；倘若他不接受，那便讓他接受其他的，本著它生活吧。問題是在那最後的決定上。由於假設一切可以用來印可那些最後的決定的東西都已包含在那決定中，故說那些最後的決定是隨意的，便等如說一個對於宇宙的完全的敘述全是無稽的，因為我們不能再有其他的事實來證成它了。這並不是我們如何運用「隨意的」和「無稽的」兩詞語的問題。這絕不是隨意的哩，這樣一個決定實是一切決定中最有根據的，因為它是建基於對一切事物的考慮之上。

　　這裏我們便知道，在談到原則的決定方面，我不免要提到價值語言。因此我們決定，那個原則是應該調整的，或者說，按著駕駛盤比發訊號為好。這顯示出我在本書第一部分所說的與第二部分的問題的密切關係；因為，作出一個價值判斷，實即是作出一個原則的決定。提出我在這些情境下應否做 A 事即是提出我是否意願「在這樣的情境下做 A 事」應該成為一個普遍的規律（這裏借用康德式的語言，但有一微細而重要的修改）。[5]由康

5　參考《道德的形而上學的基礎》（*Groundwork of the Metaphysic of Morals*, tr. H. J. Paton, p. 88）。

德到史提芬遜教授似乎是很不同的；但同樣的問題可以另外的方式來表示，即提出「對於在這樣的情境下做 A 事一點，我應採取甚麼態度呢」的問題。倘若「態度」具有意義的話，它應指一行為的原則。不幸的是，史提芬遜不同於康德，他在考察這個第一身的問題方面，只用很少篇幅。倘若他能給予適當的注意，和避免「游說的」一詞語的危險，他可能獲致與康德相若的立場哩。

4.5　康德在其重要的意志的自律的篇章中指出，我們必須作出我們自己的原則的決定。[6]我在稍早時也提到這意志的自律。其他的人是不能替我們決定的，除非我們最初決定採納他們的建議，或服從他們的命令。這裏我們可以將此點與科學家的地位作一有趣的類比；這科學家亦必須倚賴他自己的觀察。我們可以說，在決定與觀察之間有一分別之處，那是不利於前者的；即是，一個觀察當完成後，便成為大家共有的了，但決定卻是要當事人自己在每一情境中作出的。但這分別亦只是表面的。一個科學家將不會成為科學家，除非他使自己相信其他科學家的觀察一般來說是可信賴的。他是自己作過一些觀察才這樣的。我們在學校學習普通化學時，有理論的階段，和實踐的階段。在理論的階段，我們閱讀書籍；在實踐的階段，我們做實驗；倘若我們是幸運的話，便會發現實驗的結果符合書中所說的。這表示書中的所說並不完全是荒謬的；因此，即使由於一些我們所忽視的使人困擾的因素，致我們的實驗出了問題，我們亦總會信任書本，承認

---

[6]　Op. cit., pp. 108 ff.

自己作了錯誤。我們之所以這樣，是由於事後常會發現那錯誤是甚麼。倘若是這樣，不管我們如何小心去做，我們的觀察時常都與教科書的不同，那我們便不要以科學為我們的專業了。因此，科學家的「對其他人的觀察的信心」，最後立根於他自己的觀察與自己的判斷之上。最後他必須倚靠他自己。

在道德的當事人的情況亦無不同。當我們年幼時，人們給予我們基本的道德教導，他們告訴我們一些事情，我們也做一些事情。當我們照著別人所告訴的來做，但總的效果卻時常不是我們所要選擇的，這樣我們便要找尋較好的提議了；或者，倘若不能這樣做，便要為解救自己作打算，或變成道德上不健全的人了。倘若別人一般地給我們提建議，那是其後被證實為好的建議，我們一般便會決定依從那個建議，採納那些人的原則——他們過去曾給予我們這好的原則。這便是任何在良好的教養中長大的小孩子的做法了。像科學家不用重寫在教科書中已有的東西，而只視之為當然的，因而只致力於他自己的個別的研究那樣，那個幸運的小孩子亦會整體地接納他的長輩的原則，通過他自己的決定，來精巧地運用，俾能適合他自己的情境。在一個有組織的社會中，道德便是這樣地維持穩定狀態，同時又能適應轉變中的情境。

4.6　不過，這種可喜的情狀會通過很多方式而解體。讓我們看看一種常在歷史上出現的過程。它在第五、四世紀中發生於希臘，又在我們的世代出現。假定某一個世代——我會稱之為第一個世代——的人從他們的父輩方面承受了很穩定的原則。假定這些原則是那樣地安穩，致成了人們的第二天性，就一般來說，

可使人們不必思想，便可以照著原則來行事，他們那種作出思慮性的「原則的決定」的能力也已衰退。他們時常根據書本的所說來行事，這樣也沒有害處，因為當時的世界局面與那些原則成立時的一樣。但他們的兒子，即那第二代，成長起來，發現條件變了（例如在長期的戰爭或工業革命之後發現），他們在其下得以成長的原則不再足夠應用了。由於他們的教育強調遵守的原則，而不著重作出決定——那些原則最後以這些決定為基礎，因而他們的道德變得無根，完全不穩定了。人們不再寫或讀有關「人的整全的義務」的書。很多時，當他們照著這類書籍所說的去做時，他們後來便會後悔作出那些決定；而這類情境太多了，人們對那些作為一個整體的舊原則沒有留下多少信心。在那些舊原則中，無疑有一些是很一般性的，它們是可接受的，除非人的天性和世界的情況作了一個極其根本的改變。但就那第二世代來說，他們未有受到這樣的扶育，去作出原則的決定，他們只是依書中所說而行；他們大部分都不能作出那些關要的決定，以抉擇原則，看哪些是要堅持的，哪些是要調整的，哪些是要捐棄的。一些人——他們是那第二世代的好兒女——在舊原則中浸染了那麼久，他們只是照著行事，不管結果怎樣。總的來說，這些人是較其他的人幸運的，因為有原則總是較好的，即使那些原則有時會導致我們後悔作出的決定，有原則也比在道德上漂浮不定好哩。大部分第二世代的人，更進而第三世代的人，將不會知道應堅持和排拒哪些原則；越來越多人會數著日子來生活——這不是一件壞事，因為這可訓練他們的決定的能力，但這總是非所願的和危險的情境。他們中的一部分，那些叛徒，會公開宣說一些或全部舊的道德原則是沒有價值的；其中一些會提出他們自己的新原

則；一些則不能提供甚麼。雖然這些叛徒增加了混亂，但他們也扮演一種有用的角色，使人們在他們的相互敵對的原則（rival principles）中作一決定。倘若他們不單提出新原則，且又誠懇地試圖生活於這些原則之下的話，他們實在是在開展一個道德的實驗。這實驗對人類來說，可能有極高的價值（這樣他們會成為歷史上偉大的道德的導師），在另一方面，也可能證實出來，它們對他們及其信徒來說，是災難性的。

這個災難可能要很多個世代才能結束。當一般人重新學習去為他們自己決定生活的原則，特別是決定以哪一些原則去教育他們的子孫時，道德即重新獲得它的力量。這個世界雖然隨順多方面的物質的變化，但就道德的觀點看，它在基層方面，卻變得很慢。那些取得大多數人信賴的原則，與他們的父輩所不信任的，不見得有太大的分別。拿亞里斯多德與阿齊留斯（Aeschylus）的道德原則作比較，相似的實多於相異的，而我們亦可能會回歸到一些可認明地是像我們的祖父輩者的道德體系哩。但此中可能有一些變化，一些那些叛徒所提出的原則可能被採用。道德便是這樣地前進或後退了。如我們稍後會見到那樣，那個過程可以通過在價值詞語的運用中的極細微的變化反映出來。我們無法把亞里斯多德的德性的詞彙翻譯成英語，即是一個例子，而「正當的」一詞語無痕跡地消失，則是另外一個例子。

4.7 「我應如何撫育我的兒女」一問題，我們已經提到過，關於它的邏輯，自古以來便很少哲學家給予足夠的注意。一個孩子的道德的成長，對他會產生一種效果，這效果基本上會存留下來，不受後來的任何東西所影響。倘若他有一種穩定的成

長，不管是在好的原則或壞的原則方面，則在後來的歲月中，他是極難放棄那些原則的──是困難但不是不可能。它們對他來說，會有一種客觀的道德律的力量；而他的行為，會顯示出是支持直覺主義的倫理學理論的，假定這行為不是拿來與那些盡量穩固地依附一些不同的原則的人的行為作比較的話。然而，除非我們的教育是這樣地完全，可以把我們轉成自動的機器，不然的話，我們仍可懷疑以至排拒那些原則。這便是人類與螞蟻的不同之處了；前者的道德體系是變化的，後者的「道德體系」則不變。因此，即使那道德的直覺──我的成長過程所產生的──以一種對我來說是不變的不含糊的方式來回答「在這樣的情境我應怎樣做」一問題，即使是這樣，當我問自己「我應如何撫育我的子女」時，亦會遲疑一下，才能給出答案哩。那種最基本的道德的決定便在這裏生起了；而道德的詞語的最有特色的用法亦是在這裏找到，倘若道德的哲學家會予以注意的話。我是否應像自己被人撫育那樣來撫育我的子女，俾他們在道德方面具有與我相同的直覺呢？抑或是這樣，情境變了，父親的道德的性格不會為孩子提供適當的參考呢？可能是這樣，我想把他們撫育成他們的父親那樣，而將會失敗；他們的新的環境對我來說是太強烈了，他們會拒絕接受我的原則。我可能被那個新奇的世界所困惑，雖然我仍本著我所學到的原則，依習慣的力量來生活，但卻不知道應傳授些甚麼原則給我的孩子，假定在我的條件下一個人可以傳授一些既定的原則。對於這些問題，我是要作決定的；只有最頑固的父親才會不加思索地用完全和他被撫育的相同的方式來撫育他的孩子；就是這樣吧，他也時常會慘敗哩。

當我們研究到父母親常碰到的兩難問題時，很多倫理學上的

黑點便會變得清楚了。我們已經注意到，雖然原則最後要基於對原則的決定，但這樣的決定是不能教的；只有原則可以教。正是由於父母不能去替孩子作出很多原則的決定──那是孩子在未來要作的，這便給予「道德的語言」其奇特的形態。父母所具備的唯一的工具，便是道德的教育，這即是通過事例與規條，加上責罰和其他較流行的心理學的方法，來教導孩子遵守原則。他應否運用這些方式，和用到甚麼程度呢？對於這個問題，某些父母是沒有疑義的。他們盡量地運用；結果使子女成為良好的直覺主義者，只會依附著軌道來行事，不能轉彎。另外一些父母則缺乏信心；他們無法確定自己所想傳授給子女的穩固的生活方式是甚麼。這種世代的子女很容易成為機會主義者，很能作出個別的決定，卻缺乏固定的原則體系；這固定的原則體系是上一代傳授給後繼者最有價值的遺產。因為，雖然原則最後是通過對原則的決定來建立，但這建立是很多世代的工作，而那個需要從開頭做起的人是應該受到同情的；除非他是一個天才，不然的話，他不會容易達致很多重要的結論，正如一個在孤島或在實驗室中長大而缺乏指導的普通的孩子不容易作出主要的科學的發現那樣。

　　在教育上的這兩種極端的路向之間的兩難，其實是一個虛假的問題。其理由是明顯的，倘若我們回憶起我們早先說到有關決定與原則之間的動態的關係的話。這與學習駕駛非常相似。在教導一個人駕駛時，以諄諄善誘的方式要他記取固定的和全面的原則，是愚蠢的，他便永遠不用作出一個獨立的決定了。但另一極端做法，完全讓他摸索怎樣去駕駛，同樣是愚蠢的。倘若我們是通情達理的話，我們所要做的，是使他在原則方面有穩固的基礎，同時給予他足夠的機會，去作出決定。那些原則即以這些決

定為基礎，通過這些決定而被調整、改進，應用到不斷改變的情境中，甚至被放棄掉，倘若它們完全不能適應新環境的話。只把原則教導給學員，而不給予他們機會去作決定，這與只用教科書來教學生學習科學而不使他們進實驗室，是一樣的。另一方面，不理會孩子和駕駛學徒，完全由他們自己表演，便像把一個小孩放在實驗室裏，說一聲「你自己攪吧」那樣。那小孩可能在裏面玩得很開心，或者摧毀了自己，總之不會學到很多的科學。

　　道德的詞語，例如「應該」，在它們的邏輯的表現方面，反映出這種道德的教導的雙重品性，它們是在道德的教導方面最典型地被運用著。它們在其中出現的語句，通常是原則的決定的表述式──而要使那些決定從原則方面分離開來，是容易的。這便是「客觀主義者」和「主觀主義者」之間的爭辯的根源。前者強調由父親傳承下來的固定的原則，後者則強調必須要由兒子方面作出新的決定。客觀主義者說：「當然你知道你應該怎樣做；請看一下你的良心告訴你甚麼吧，倘若有疑問，便跟著社會上大多數人的良心走吧。」他可以這樣說，因為我們的良心是原則的產物，那些原則則是通過我們早期的教育銘刻在心中的；而在一個社會中，人們的原則相互間不會有太大的差別。在另一方面，主觀主義者則說：「當我聽了其他人的所說，和適當地發揮自己的直覺──那是我的教育的產物，最後我必須自己決定我應該做甚麼。否認這點，便是保守主義者。因為，那一般的道德概念和我自己的直覺都是傳統的產物，而除了世界上有很多不同的傳統這一事實，傳統的開出，是不能沒有一些人去作決定的。倘若我拒絕作出自己的決定，而只模倣我的祖先，那我便是在表示自己不如他們了。他們必須去開創，我卻只在接受哩。」主觀主義者的

這個申辯是相當合理的。這是青年人的申辯，他要成為成年人。要在道德上變得成熟，便要通過學習作出原則的決定，把這兩個表面上是相互衝突的趨向調和起來；這便要學習怎樣運用「應該」語句，這又要了解到必須指涉到一個標準或一組原則，才能檢證這些語句。這個標準或一組原則是我們通過自己的決定接受下來，和使之成為我們自己的所有。這便是我們現在這個世代正在努力解決的問題了。

第二部分

「善」

五、「自然主義」

提要與評論

這章主要闡明價值詞語在語言中有一種特別的作用，這即是稱讚。因此它們不能以其他不具有這種作用的詞語來界定。這個意思，主要通過對自然主義的批評顯示出來。

作者先提出，假定有兩幅畫 P 與 Q，兩者是相互摹寫的。此中我們不能說：

> 在所有的方面，P 都恰好像 Q，但有一點不同，P 是一幅好的圖畫，Q 則不是。

但我們可以說：

> 在所有的方面，P 都恰好像 Q，但有一點不同，P 是有署名的，Q 則沒有。

作者以為，此中二者的結構相同，但關鍵在，「好的」與「署名的」不同，在它們的邏輯中有一種分別，這即是「好的」邏輯的特徵。關於這特徵，可以這樣理解：假定圖畫中有一個或一組特性，「好的」的特性即邏輯地依於這一個或一組特性，因而我們可以說那幅畫是「好的」。不過，作者並不同意這「特性」，能由對事實的陳述方式顯示出來，因為其中有讚賞的成素，這是不能還原為陳述的語句的。

作者即以這個觀點,來批評「自然主義」倫理學。自然主義倫理學理論的發生是這樣的:論者對於發現「好的」一詞如其常態地運用起一種自然反應,推測到此中必有一組特性,合起來能夠導致一件好的事件,因此他們去查探這些特性,而建立一套有關它們的倫理學。作者認為,這是要把「好的」牽連到某些事實的特性上去,而以陳述的方式表示出來。但這是不對的,「好的」指向某些稱讚的因素,那是不能還原為事實的。作者認為自然主義理論的錯誤在於,它在價值判斷中誤解了那些規範的或稱讚的因素,要使它們可由事實的述句導出的。

作者也提到定義的特性的問題,認為這也不能表達我們的稱讚的作用。假定一幅好的圖畫可以有「定義的特性」,為 C,這 C 使這圖畫成為「好的」。這樣,

> P 是一幅好的圖畫

與

> P 是一幅圖畫而 P 是 C

應是同一意思。現在假定 C 的意思是「具有一種趨勢,在皇家學院的會員中激發起一種確定地可認明的稱為羨慕的感覺」。現在假定我們要說那皇家學院的會員對圖畫有好的興味。這「對圖畫有好的興味」即是對於那些好的圖畫具有確定地可認明的羨慕的感覺。因此,倘若我們想說皇家學院的會員對圖畫有好的興味,根據那個定義,我們便要較複雜地說:

> 他們對圖畫具有這種羨慕的感覺,而那些圖畫具有一種趨勢,在他們中間激發起這種感覺。

作者以為,即使這樣說,也不能表示對圖畫的稱讚的心意。那個定義只陳述一些事實,並不表示一價值判斷,「使人有羨慕的感

覺」並不表示一種稱讚的價值判斷。

　　作者的意思是，稱讚與定義並不是同一類的語言活動。就那幅圖畫來說，那個 C 的意思或定義：「具有一種趨勢，在皇家學院的會員中激發起一種確定地可認明的稱為羨慕的感覺」，並不傳達稱讚的心意。

　　一般化地說，若「P 是一幅好的圖畫」可寫成「P 是一幅圖畫而 P 是 C」，其中，「好的」的稱讚意思可以用表示一些事實的陳述句 C 來顯示，則我們似乎可以「P 是一幅圖畫而 P 是 C」來稱讚這幅圖畫，說因為它是 C 之故。但作者以為不然。C 是陳述的語句，不能表示稱讚的意思。作者以為，我們只能說這幅圖畫是 C 而已。

　　平心而論，這一章的析論，並不很清楚，論點也缺乏完全的說服力。自然主義倫理學的過失，無疑是要把道德判斷轉成直陳語句，因而使那些價值的字眼或語句失去它們的稱讚的功能。在這方面，作者的批評是正確的。不過，我們似乎不必如作者那樣，以為「P 是一幅圖畫而 P 是 C」不能表示對圖畫的稱讚之意。實際上，若「P 是一幅好的圖畫」被視為與「P 是一幅圖畫而 P 是 C」為同一意思，我們自然可以根於 P 具有 C 的特性，而稱之為一幅好的圖畫，因而表示稱讚的意思。P 作的一幅好的圖畫，它的好處，應該可以列述出來，我們便可以根據這些資料來稱讚 P。

本　文

5.1　這本書的第一部分有兩個用意。首先，通過詳細研究用來表示命令式──規範語句的最簡單的形式──的語言，我們便可以較好地了解價值詞語的較複雜的邏輯表現；這價值詞語是我們的語言所提供出來作規範用的另外一種主要工具。其次，在這個研究中，我們有機會看到一些我們慣於用規範的語言的情境，和看到我們如何學習去回答「我應做甚麼」一類問題；對於這類問題，其答案是一規範的語句。

此後我會討論一些典型的價值詞語，特別是「善」〔英語為 good，我們通常譯作「好的」〕、「正當」〔英語為 right，有時亦可譯作「對的」〕和「應該」。我的選擇雖是依先例而來，但這裏有三點是要說明的。首先，我並不想表示我要討論的那些價值詞語的特性只限於這裏要研究的少數典型的詞語方面；事實上──這已引起邏輯上的混亂──在我們的語言中，差不多每一個詞語有時都可以用作價值詞語（即是，作稱讚之意或其反面）；而通常只要嚴密詢問說者，我們才可以知道他是否這樣地運用一個詞語了。「傑出的」一詞語便是一個好的例子。我把注意力限制在最簡單的、最典型的和最一般性的價值詞語上，目標是要使闡釋簡單化。第二點，「價值詞語」和「估值的」兩詞語是極之難下定義的。暫時我會用實例來解釋，稍遲（11.2）我才能冒險地弄一個定義來，即使這樣我也沒有足夠信心哩。第三點，我將依循一個與早先在學習原則時所用者相同的程序；我將以一些例子顯示出價值詞語的特性，這些例子是從它們的非道德

的運用中取出來的；稍遲我會研究這同樣的特性是否可以在道德的脈絡中找到。這種程序看來雖然有些古怪，但有一個很大的好處。它會使我顯示出，這些詞語的特性與道德本身並沒有關係，因此，能夠解釋它們的那些理論亦必須不單止能應用到「好人」一類表述式中，且能應用到「好的時計」一類表述式中；了解到這點，即可避免一些錯誤。

5.2 讓我以一個個別例子顯示價值詞語的一個最為突顯的特點吧。這特點有時通過這樣說法敘述出來：「好的」和其他這樣的詞語是「附隨的」（supervenient）或「隨著而來的」（consequential）性質的名稱。假定有一幅圖畫掛在牆上，我們正在討論這是否一幅好的圖畫。即是說，我們正在爭論著是否同意「P 是一幅好的圖畫」的判斷。我們必須了解到，此中的脈絡清楚地顯示出我們視「好的圖畫」為「好的藝術品」，而不是「好的相似性」——雖然這兩種用法都是價值表述式。

首先讓我們指出用於這語句中的「好的」一詞語的一個非常重要的特徵。假定那畫廊有另外一幅圖畫，在 P 旁邊（我稱之為 Q）。假定 P 是 Q 的摹寫品，或 Q 是 P 的摹寫品，關於這點，我們不知道，但卻知道兩者都是同一畫家在差不多相同的時間中畫的。此中有一點是我們不能說的，我們不能說「在所有的方面，P 都恰好像 Q，但有一點不同：P 是一幅好的圖畫，Q 則不是」。倘若我們這樣說，我們便會招來批評：「倘若它們是恰好相像，怎可能一幅好一幅不好呢？在這兩者之間必有另外一些相異處，使一幅好另一幅不好。」除非我們最低限度承認「甚麼使一幅好另一幅不好？」一問題是切題的，否則便會使聽者感到

困惑了；他們會以為我們對「好的」一詞語的用法有問題哩。有時我們不能顯示出到底甚麼使一幅好另一幅不好；但此中一定是有些因素的。假定我們試圖解釋我們的意思，說：「我不是說它們之間有任何其他的不同點；它們只有這個不同點：一幅是好的，另一幅則不是。倘若我說一幅有署名另一幅沒有，除此之外沒有不同了，你當然明白我的意思。故我怎麼不可以說一幅是好的另一幅則不是，除此之外沒有不同了？」對於這個主張的抗議是，「好的」一詞語與「署名的」一詞語不同；在它們的邏輯中有一種分別。

　　5.3　我們可以提出下列理由，以解釋這邏輯的特徵：在那兩幅圖畫中，有一個或一組特性，「好的」的特性即邏輯地依於這一個或一組特性；由於這一個或一組特性，其中一幅不能是好的，而另一幅則是壞的，這是不可能的，除非這些特性也變化了。舉一個類似的例子，其中一幅是長方形的，而另一幅則不是長方形，這是不可能的，除非某些其他特性也變化了，例如最低限度其中一個角的大小。因此，對於發現「好的」一詞語如其常態地運用的自然反應，是推測到此中有一組特性，合起來涵蘊一件好的事件；再而去查探這些特性是甚麼。這便是那組摩爾（Moore）教授所謂的「自然主義」倫理學理論的發生了。這「自然主義」是一個不幸的詞語，如摩爾自己所說，本質上，為了這個用意，同樣的謬誤可能由於選取形而上學的或超感性的特性而被犯上哩。[1]說及超自然的事並不是要預防「自然主義」。

---

[1]　《倫理學原理》（*Principia Ethica*, p. 39）。

不幸地，自從摩爾的論述以來，這詞語被人很鬆散地應用。我們最好將之限制在那些摩爾的反駁（或其中一可認明的版本）對它們是有效的理論上。在這個意義下，大多數「情緒的」理論都不是自然主義的，雖然它們時常這樣地被稱呼。它們的錯誤是相當不同的。後面（11.3）我將指出自然主義理論的錯誤在於，它們在價值判斷中忽略了規範的或稱讚的因素，要使它們可以由事實的述句導出的。我這個意見倘若是正確的話，我自己的理論保留這種因素，便不是自然主義的。

這樣我們便要查考一下，此中是否有任何一個或一組特性，它與好的特性的關係，與「圖形的角的度數與它們的長方形的性質的關係」相同？後者的關係是甚麼方式呢？這包含回答這個問題：怎麼不可能是其中一幅圖畫是長方形而其他一幅不是，除非那兩幅圖畫的角的度數也不同呢？答案是清楚的，「長方形的」意思即是「直線的和所有它的角都是九十度的」；因此，當我們說其中一幅圖畫是長方形，另一幅則不是，我們是說它們的角的度數不同；倘若我們又說它們沒有不同，我們便矛盾了。因此，說「P 在所有方面都恰像 Q，只有一點不同：P 是一長方形的圖畫，Q 則不是」，是矛盾的。它是否矛盾，視我們用「所有方面」所包含的意思而定。倘若我們包含角的度數，則那語句是矛盾的；因為說「P 在所有方面都恰像 Q，包括它的角的度數，但有一點例外：P 是一長方形的圖畫，Q 則不是」是自相矛盾的。這表示同時持 P 的角與 Q 的又不同又相同的論調。

因此，我們所說的不可能性是邏輯的，它依於「長方形的」一詞語的意義。這是邏輯的不可能性的一個非常根本的例子；有些其他例子不是比較複雜的。現時那些否認有先驗綜合真理的人

強調所有先驗的不可能性都可被展示出是屬於這種性格，即是，依於那些所用的詞語的意義。他們是否正確，仍在爭論中；為了論證的方便起見，我假定他們是正確的。那個爭論已發展到這個階段，即是，它不能只用抽象的理據來論證，我們只能通過對個別語句作極其勞心的分析來論證；這些語句被認為是先驗地真同時又是綜合的。[2]

5.4　讓我們看看「好的」的情況是否和「長方形的」的相同；即是說，看看有無圖畫的某些特性是一幅好的圖畫的定義的特性，如同「一切角都是九十度和是直線的平面圖」是一個長方形的定義的特性那樣。摩爾以為他可以證明應用於道德中的「好的」一詞並沒有這樣的定義的特性。他的論證自他提出以來，便被攻擊了；無疑這論證的成立是錯誤的，但我以為，摩爾的論證並不只是似可靠的；它是立根於一個牢固的基礎之上哩，儘管它立根是牢固的。在我們運用「好的」一詞語方面，是有一些東西和用意使我們不能堅持那種摩爾正在攻擊的立場，雖然摩爾沒有清楚地看到這些東西是甚麼。因此，讓我們用一種方式把摩爾的論證重新申述一下，這方式可以闡明何以「自然主義」是難維持的。不單是對摩爾所想的「好的」的道德的用法難以維持，且也對很多其他用法難以維持。

　　為了論證的方便起見，讓我們假定一幅圖畫有一些「定義的特性」。它們是甚麼，那是無所謂的；它們可以是一個單一的特

---

[2]　這種分析的好例子，可以在皮爾斯（D. F. Pears）的〈互補的東西的不相稱性〉（"The Incongruity of Counterparts", *Mind*, lxi, 1952, 78）一文中找到。

性，或者是多個特性的連合（conjunction），或是多個特性中的選言（disjunction）部分。讓我們稱這組特性為 C。這樣，「P是一幅好的圖畫」即與「P 是一幅圖畫而 P 是 C」是同一意思。譬如說，假定 C 的意思是「具有一種趨勢，在那些當其時是皇家學院的會員的人（或任何其他確定地被標明的一群人）中激發起一種確定地可認明的稱為『羨慕』的感覺」。「確定地被標明的」與「確定地可認明的」是必須要加入的，不然我們便會發覺能界定的詞語在定義中被估值地運用了，這便會使定義不再是「自然主義的」了。現在假定我們要說那皇家學院的會員對圖畫有好的興味。對圖畫有好的興味即是對於那些圖畫（而且只是那些圖畫）具有確定地可認明的羨慕的感覺，而那些圖畫是好的圖畫。因此，倘若我們想說皇家學院的會員對圖畫有好的興味，根據那個定義，我們便要說某種東西，這東西與這樣說是一樣的：他們對圖畫具有這種羨慕的感覺，而那些圖畫具有一種趨勢，在他們中激發起這種感覺。

但這並不是我們所要說的。我們要說的是，他們羨慕好的圖畫；目前我們只能成功說出：他們所羨慕的圖畫。因此，倘若我們接受那個定義，我們便是阻止自己說某些我們有時實在想說的東西了。這某些東西是甚麼，稍遲便會知道了。目前讓我們說我們所要做的是稱讚那些圖畫，那是那些皇家學院的會員所羨慕的。但關於我們的定義的一些東西阻止我們這樣做哩。我們不能再稱讚他們所羨慕的圖畫了，我們只能說他們羨慕那些他們所羨慕的圖畫。因此我們的定義阻止了我們在一個重要的情境中稱讚一些我們要稱讚的東西。這定義的問題便在這裏。

讓我們把這個情況一般化起來。倘若「P 是一幅好的圖畫」

被視為與「P 是一幅圖畫，而 P 是 C」的意思相同，則我們便不能因為那些圖畫是 C 而稱讚它們。我們只能說它們是 C。這個困難與我選的個別的事例並無關係。這點是重要的。這並不是由於我們選取了錯誤的定義的特性；而是由於不管我們選取甚麼定義的特性，這個反對都會生起的，即是，我們不能再為了擁有那些特性而稱讚一個對象。

讓我們用另外的例子來顯示這點。這裏我有意地不用道德的例子，因為我要表明一點，我們所遇到的邏輯的困難與道德並沒有關連，而是由於價值詞語的一般特性而已。讓我們看看「S 是一好的草莓」這一語句。我們可能很自然地假定這意思不外是「S 是一個草莓，它是甜的、多汁液的、堅實的、紅的和大的」。但我們不能說某些我們在日常談話中說的東西。我們有時想說一個草莓是一個好的草莓，因為它是甜的，等等。倘若我們自己想一下，便會看到這與說一個草莓是一個甜的等等的草莓，因為它是甜的，等等，意思並不相同。但根據那個提出來的定義，它的意思便是這樣。因此，那個提出來的定義實阻止了我們說某些東西，那是我們在日常談話中能夠具有意義地說的。

5.5　對於摩爾對自然主義的駁斥，有時有人提出反對，說摩爾論證得太多了——若對「好的」有效則亦對任何詞語有效，只要是被視為可以其他詞語來定義便可。摩爾的某些語句使他要面向這個反對，特別是他所引述的畢萊爾（Butler）的「任何東西都是它自己，而不是其他」的口號。[3]當然，自然主義者所堅

---

[3]　請參考皮利奧（A. N. Prior）的《邏輯與倫理學的基礎》（*Logic and the*

持的是，「好」並不是那些特性──他們以之為它的定義的特性
──以外的「另外的東西」。倘若自然主義是真的和一致地〔不
矛盾地〕被堅持的話，則自然主義者可以這樣地論證：「當我說
X 是好的 A 和當我說它是 A，而 A 又是 C，則我是說同一的東
西；如同當我說 Y 是一狗仔（puppy）和當我說 Y 是一小狗，我
是說同一的東西那樣。在你方面可能生起一種對這理論的反駁，
這理論是「狗仔」即指「小狗」而言。這反駁可能是這樣：倘若
你接受這定義，則『一狗仔即是一小狗』一語句與『一小狗即是
一小狗』便等同了，後者是我們從不想說的；但我們有時確說
『一狗仔即是一小狗』；因此，那個被提出來的定義阻止了我們
說一些在我們日常談話中要具有意義的東西。」

　　要回答這個反對意見，讓我們研究一下在甚麼場合和基於甚
麼用意我們運用「一狗仔即是一小狗」一語句。顯然我們應把這
語句當作定義來用；當我們要解釋狗仔是甚麼或「狗仔」一詞語
是甚麼意思時，我們便使用這語句。它通常不是用來解說任何有關
狗仔的實質的那種語句，雖然我以為可以有這樣的用法。因此，
這語句在意思方面，與那原來的定義「『狗仔』即是『小
狗』」，並沒有甚麼區別。這並不表示其中任何一種定義的方式
作為一個定義有甚麼問題。一個定義，倘若是正確的話，時常是
在某一意思來說是分析的，在另一意思來說又是綜合的。作為一
有關狗仔的語句來說，它是分析的；作為一有關「狗仔」一詞語
的語句來說，它是綜合的。它不能是一有關狗仔的綜合的語句；
倘若是的話，則它不會是一定義，而是另外一些東西。

Basis of Ethics, ch. i）。此中對摩爾的反駁，有很好的批評。

　　這可以通過研究我們的例子來弄明白。「一狗仔即是一小狗」一語句，雖然通常是用作對於「狗仔」一詞語的定義，但在其形式方面，仍是易引起誤解的。因為它具有與一些語句相同的形式，而那些語句卻不是定義；例如，「一狗仔在一啤酒桶中找到一奇怪的東西」。它易引起誤解，因它是省略的，而這亦遮蓋了它是一定義的事實。我們可以某些人為的做法，來改正這兩個缺點，這即是說成「『倘若任何東西是一狗仔，則它是一小狗（反之亦然）』一語句是分析的」。這樣可有一個好處，可以把綜合的成分從原來的定義的分析的成素中清理開來。倘若那定義是正確的話，則在引號『』中的部分是分析的；因為那定義的作用即顯示它是分析的。在另一方面，整個句子並不是分析的；它是有關在引號『』內那一部分的綜合的主張；我們可以通過語文的用法，來確定那主張是否正確。因此整個語句是有關詞語的綜合的主張；在引號『』內那一部分具有有關狗仔的主張的形式，但對狗仔卻無所主張，因為它是分析的。在整個語句中，並沒有對狗仔的綜合的主張。

　　5.6　有一種情況，我們可以想像「一狗仔即是一小狗」是用作有關狗仔的綜合的主張。這可與「一蝌蚪即是一小青蛙（或其他無尾兩棲類動物）」看成是平行的；後者可以用來告訴別人，他所學得的「蝌蚪」一名所指的那類動物，當成長後，便會轉變成青蛙。但這種情況是不能用來支持那個反對意見的。假定有人反對說：「你不能以你所想的方式反駁自然主義；因為這樣你便同樣要放棄『蝌蚪』即『小青蛙』的定義。我們可以辯說，我們全都同意『一蝌蚪即是一小青蛙』可以看成是有關蝌蚪的綜

合的主張（即是，它們會長成青蛙），但根據這定義，這語句只是一重言。」不難看出，這反對意見立根於一語多義一點。我們不能同時堅持說「蝌蚪」即是「小青蛙」和說「一蝌蚪即是一小青蛙」是一綜合的主張。我們必須不依「小青蛙」來界定「蝌蚪」（例如以實例顯示的定義方式，指出在池中游泳的蝌蚪），這樣，「一蝌蚪即是一小青蛙」便會是一綜合的主張，但「蝌蚪」的意思，將不會是「小青蛙」，卻是「你可以看到的在池中游泳的那種動物」哩。或者我們必須把「蝌蚪」界定為「小青蛙」，這樣，「一蝌蚪即是一小青蛙」便是分析的，而「那些在池中游泳的是蝌蚪」不是一顯示方式的定義了，而是一個有關事實的述句，大意是說那些在水中游泳的動物當長大時會轉變成青蛙。實際上，我們是依這兩方式來學習「蝌蚪」的意思的，而在這個程度下，它是一語多義的。這並不使我們感到煩惱，因為，像這樣的情況，如那些動物不轉變成青蛙而變成蛇，是不會發生的。但倘若我們真的找到一種蛇，其幼時像蝌蚪的話，我們便要作出一個分別，說：「在你能夠說出像這樣的動物是否真是一蝌蚪之前，你要等待，看它是轉變成青蛙抑轉變成蛇。」或者我們要利用其他的方式。在邏輯中也有類似的使人感到困惑之處，且待稍遲再處理它（7.5；11.2）。我們可以說，「好的」一詞語也有「一語多義」的情況；它同時有陳述的和估值的力量，這些都是要通過不同的方式和相互獨立地來學習的。在這裏我們不能多作解釋。

這裏只需說出倘若它是被這樣地理解的話，那個反對意見便不中題了。因為我的論證是，我們不能說「X 是一好的 A」與「X 是一 A，而 A 是 C」是同一意思，因為這樣便不可能通過

說「具有性質 C 的各個 A 是好的 A」來稱讚具有性質 C 的各個
A。在「蝌蚪」的例子，那個相應的論證是「你不能說『X 是一
蝌蚪』與『X 是一小青蛙』是同一意思，因為這樣便不能通過說
『一蝌蚪即是一小青蛙』來說蝌蚪轉變成青蛙了」。但倘若我們
黏滯在「蝌蚪」等同於「小青蛙」的定義上，則真是不能這樣說
了；這只是因為「蝌蚪」有時被人用到這個定義之外的地方去，
因此我們有時便可以把「一蝌蚪即是一小青蛙」用作綜合的主
張。同樣地，由於「好的」有時（其實是在幾乎所有的情況）被
用到「自然主義的」定義以外的地方去，因此我們可以用它來表
示稱讚之意。

5.7　　讓我們回到「一狗仔即是一小狗」一語句，撇開那種
我們研究過的可能的綜合的應用，把注意集中在它作為「狗仔」
的定義的應用方面。我們正在考究著的那個反對意見以為，我們
有時確是有意義地說「一狗仔即是一小狗」，我們並不以之與
「一小狗即是一小狗」為表示相同的意思。讓我們用上面提出的
方式把這兩語句擴展開來。這便可分別寫成「『倘若任何東西是
一狗仔，則它是一小狗』一語句是分析的」和「『倘若任何東西
是一小狗，則它是一小狗』一語句是分析的」。這兩語句都是真
的，但意思不相同。有趣的是，雖然「狗仔」與「小狗」的意思
相同，但它們卻不能相互替換，而不改變意思。這絕不是似是而
非的論調。我們知道得很清楚，倘若一語句包含另一有引號的語
句在其中，則並不是時常可以以相同意思的表述式來替代引號中
的表述式，而不改變整個語句的意思的。故「他說『它是一狗
仔』」一語句與「他說『它是一小狗』」並不是相同的意思。因

為他的實際的用語被報導出來，這些用語是甚麼是重要的。同樣地，「字典中說『狗仔：小狗』」一語句與「字典中說『小狗：小狗』」一語句的意思並不相同。同樣，「當英國人說『狗仔』，他們是指『小狗』」一語句與「當英國人說『小狗』，他們是指『小狗』」一語句的意思並不相同。因此，「『倘若任何東西是一狗仔，則它是一小狗』一語句是分析的」與「『倘若任何東西是一小狗，則它是一小狗』一語句是分析的」的意思也不相同。因此這些語句的縮寫：「一狗仔即是一小狗」與「一小狗即是一小狗」，其意思並不相同。

　　但這些與「好的」一詞語的情況全不相干。反對意見的力量是，我們對於「好的」一詞語的自然主義的定義的攻擊，同樣可以指向「狗仔」一詞語的定義；而由於這些後者的定義明顯地是在良好的狀態中，故那攻擊一定是有些不妥之處了。現在，我們對於「好的」的自然主義的定義的攻擊是基於這樣的事實的：倘若「一個好的 A」與「一個是 C 的 A」有相同的意思是真的話，則我們便不能用「一個是 C 的 A 是好的」來稱讚具有性質 C 的各個 A 了；因為這語句是分析的，等於「一個是 C 的 A 是 C」。但我們實際是用「一個是 C 的 A 是好的」一類語句來稱讚具有性質 C 的各個 A；而當我們這樣做時，與說「一狗仔即是一小狗」，並不是做著同一類的事；即是說，稱讚與定義並不是同一類的語言活動。像「一狗仔即是一小狗」的表述式的意義，可以通過展開成「『倘若任何東西是一狗仔，則它是一小狗』一語句是分析的」般的公開的定義保留下來。這後一語句是真的，可以參考有知識的英國人的用法來檢證。當然，哪些英國人算是有知識，是一個有關正確的詞語用法的價值問題，在此處

不大相干。在另一方面，「一個是 C 的 A 是好的」形式的語句
不能不改變意思地寫成「『一個是 C 的 A 是好的』一語句是分
析的」。因為像後者那類型語句顯然不能作稱讚用，而前者那類
型語句則可以，而實際上也是。我們說「一個甜的……等等的草
莓是好的來稱讚甜的……等等草莓，但從不說『一個甜的……等
等的草莓是好的』一語句是分析的」來稱讚甜的草莓。倘若應用
這後一語句，則不是對甜草莓的稱讚，而是對語句的評論，而且
是錯誤的評論。

5.8　因此，說那用來推翻自然主義對價值詞語的定義的方
法同樣可以用來推翻任何定義，是不真實的。價值詞語在語言中
有一種特別的作用，這即是稱讚；因此它們不能夠以其他不表現
這種作用的詞語來界定；倘若要這樣做的話，我們便被剝奪掉表
現這種作用的工具了。但對於像「狗仔」的詞語，這便不適用
了；我們可以用任何其他有同樣作用的詞語來界定「狗仔」。兩
個表述式是否有同樣的作用，可參考用法來決定。由於我們所要
做的是要對「好的」一詞語的實際的用法作一探究，而不涉及倘
若它的意義與用法改變它可能會如何用的方面，故這參考是最後
的。故這不是針對上面的論證的答覆；這論證以為，一個「自然
主義者」，倘若他喜歡的話，可以用他所選擇的一些特性來界定
「好的」。這種隨意的定義在這裏是非常不適當的；無疑地，邏
輯家可以就他的意思來界定他自己的專門詞語，假定他清楚說明
他是怎樣運用它們的話。但在這脈絡中的「好的」，並不是一個
專門詞語，可以用來敘述邏輯家正在敘述的東西；它自己正是他
正在敘述的；它正是他的研究的對象，而不是器具。他是正在研

究「好的」一詞語在語言中的作用；只要他的願望是研究這點，他必須容許那詞語具有它在語言中所有的作用，這即是稱讚。倘若他通過一個隨意的定義，給予那詞語一種與它現有的不同的作用，則他不再是在研究那相同的東西了，他是在研究他自己設計的想像物哩。

在倫理學中的自然主義雖像把圓的變成方的那樣地不可能，但只要還有人不明白其中的謬誤，它還是會不斷出現的。因此我們應該對其中的根本問題作一個簡單的說明。假定有人聲稱他能夠由一組純然是事實的或陳述的前提，藉著某些定義——大致是 V（一個價值詞語）與 C（陳述的謂詞的一個連合）是同一的意思，推論出一個道德的或其他估值的判斷。我們首先要要求他先確定 C 並不包含暗中有估值意義的表述式（例如「自然的」或「正常的」或「令人滿意的」或「基本的人的需要」）。在這個試驗下，差不多所有所謂「自然主義的定義」都會垮台了——因為一個定義倘若真正是自然主義的話，它必須不包含這樣的表述式：對於這種表述式的應用方面，並沒有一個「不包含價值判斷的作成」的確定的標準。倘若那個定義能夠滿足這個試驗，我們下一步便要問它的提倡者是否願意為了是 C 而稱讚任何東西。倘若他說願意，我們便只需指出，由於那些提出的理由，它的定義會使這稱讚不可能。顯然他不能說他從不願意為了是 C 而稱讚任何東西；因為為了是 C 而稱讚事物，正是他的理論的整個目標哩。

六、意義與標準

提要與評論

　　首先，作者重申上一章所述的要點，即是，作為稱讚用的「好的」一詞語，不能夠以一組不是用來稱讚的特性來界定。在這一章，作者主要要顯示一個意思：「好的」並不意味某一種性質，它是相應於不同組別的事物而有不同用法的。它與「紅色的」一類詞語不同，它的意義不依於它的應用的標準，或者說，它的意義是獨立於我們應用它時所採的標準之外的。

　　作者指出，「好的」一詞的特性可以用到任何數目的不同類的對象上。在運用這「好的」一詞語方面，作者以為，它應可運用到所有已學習過和未學習過的對象上。但在此之前，要解釋「好的」的意思，會有一些難題。在這解釋方面，作者提出兩種可能的方式：

　　一、在不同的表述式中，例如「好的板球棒」、「好的時
　　　　計」、「好的滅火器」，一次過解釋「好的」的意思。
　　二、依次解釋。如先解釋「好的板球棒」，再解釋「好的時
　　　　計」。
但都有困難。倘若是第二種，則我們在每一次解釋中，是否要解釋一些完全是新的東西，抑或只是重複地解釋一次，只改變事例

呢？倘若取第一種方式，則立刻會有困難：我們只能運用「好的」一詞語到所學過的對象中，不能運用它到新的對象中。

　　作者以爲，事實上，我們應該可以把「好的」運用到完全新的對象上的。他舉仙人掌爲例，關於這點，內文說得很清楚，這裏不擬重贅。因此，作者以爲，我們學習把「好的」運用到一種對象上，與學習將它運用到另外一種對象上，不能視爲不同的學習。雖然學習一新對象的好的標準可能每次都不相同。

　　此中顯然出現一個矛盾：對於解釋「好的」與運用它的矛盾。作者提出一個設定，看看能否消解這矛盾。這設定是：「好的」應有一共同的意義，指涉一共同的性質，俾它能普遍地應用到所有種類的對象中。

　　跟著作者卻說這種設定是不能成立的。他未有直接地說出理由，卻透露我們實在不可能替所有種類的對象找到「好的」的共同性質。不過，作者似仍不肯放棄這個努力。他以爲，「共同性質」雖然找不到，但我們可以把範圍縮小，把「好的」的用法分爲若干小組，在每一小組中，它都指涉一個共同的性質。例如可分爲內在的與工具的兩小組，其共同的「好的」的性質即分別爲內在的好與工具的好。以下作者即集中討論工具的好的問題，看看這工具的好能否在所有情境中具有所謂「共同的性質」。

　　首先，作者提出工具的好有兩個意義：

　　一、可以導致內在的好的工具的好。

　　二、工具的好與「有效率的」同義。如某物能導致一個目的，該物即爲了這目的而被使用，因而是工具的（地）好。

作者以爲，第一個意義難以成立。因爲很多時我們就工具一面來

稱呼很多東西為「好的……」，但它們卻不能導致內在的好。例如「好的手槍」，在殺人犯和警察手中的都是好的。至於第二意義，作者以為，「好的」有時確有這個意思。但問題在，說某物能導致一個目的，這目的能否成為那種性質——在一次教導中即能使人認明的那種共同的性質呢？顯然不能。如好的滅火器的目的是迅速熄滅火燄而不發煙，好的時計的目的是準確地報時，使人易讀出時間，好的板球棒的目的是打球打得遠和迅速。在這幾種表演中，實在很難使人找出可認明的「好的」的共同的性質。

對於「好的」一詞語，我們既然找不到它的共同的特性來確定它的意義，但這意義是否與我們應用它的標準有關呢？作者由此即轉入對標準問題的討論。

在討論之初，作者提出了「作用的字眼」（functional word）一詞語，由此引進「好的」的標準。作者認為，倘若我們要充分地了解一個詞語的意義，便要說出它所指涉的對象是為了甚麼，或它要做甚麼，這些都是作用的字眼。例如「螺絲鑽」，我們必須知道它是「木匠的器具，在木一類東西中鑽孔用」，才能了解它的意義。要知道一個螺絲鑽為的是甚麼，即是要知道一個好的螺絲鑽的標準。這些標準是，不使手起泡，不生銹，能使人鑽出有清楚邊界的孔，總之是鑽孔鑽得好。這是好的螺絲鑽的標準。但另外的東西的好的的標準卻是不同。要告訴別人每種東西或器具所以是好的，都涉及它的作用，它為的是甚麼，故都是一項新的課程。不過，當我們說「好的」時，又總會將之連到一個一貫不變的意思上去，例如把要做的做得完滿。這個意思，學了便能明白，不管是面對著哪一種的對象。這便有一難題。要解決這難題，作者認為，我們要在「好的」一詞語的意

義與它的應用的標準之間作出一個區分。即使是在工具的好的情況，意義雖是要把事情做好，但肯定沒有一個共同的標準，適用於所有類型的工具的。

作者的總結是，在所有的情況中，我們都找不到可認明的共同的標準或性質，去解釋「好的」的意思。

作者特別強調「好的」一詞語的意義與其應用的標準的分別。即使是解釋「好的」的意思與解釋它的應用的標準也是不同。他假設甲、乙兩人；甲對撞球的事一無所知，乙則知道「最好的」是「好的」的最高級形式，但不知道它的意義。關於乙的情況是，我們可以教人知道那個把「好的」一詞語應用到某一個別的類中的標準，但這並不教人知道那詞語的意義。例如，一個人可以把螺絲鑽分開成一堆堆，好的和壞的，卻仍不知道這種分法是為了選取一些螺絲鑽，而不取其他的；即不知道「好的」的意思。作者擬設乙說：

倘若其他方面都是一樣，我會選擇那個我能撞擊最多的撞球。

甲說：

呀，我知道了，你以為最好的撞球是那個你能撞擊最多的。

現在可以看看甲提到乙的意見的一些邏輯的特性。這意見是：

最好的撞球是我能撞擊最多的那個（設為 A）

再看：

「最好的撞球」這一表述式的意思是「我能撞擊最多的那個撞球」（設為 B）

A 是不同於 B 的。A 是有關哪一種實質的東西是最好的撞球。

這關連到選擇的問題。B 則是有關在意義方面一個詞語（「最好的」）和一個片語（「我能撞擊最多的那個」）的對等性。在甲、乙之間，甲只知道「最好的」的意思，乙則只知道「撞球」或「撞擊」的意思。故兩人都不能說出 B 句。但甲能說出 A 句，且以之為乙的意見。這表示甲能一次過地把「最好的」因而也包括「好的」的意思解釋予乙，因為他猜想乙對撞球具有如 A 句所表示的看法。這個解釋，實包含有一具有矛盾性質的特徵：它牽涉到某一類對象或活動（如撞球），而解釋的人並不知道這對象或活動的「好的」的標準。這便表示出，解釋「好的」的意思與解釋它的應用的標準是不同的。這亦顯示「好的」的意思與它的應用的標準是有區分的。

　　意義與標準有沒有統一的時候呢？作者以為，這在涉及一個主觀的選擇時出現。他舉出「某甲以為最好的撞球是那個他能夠撞擊最多的」與「最好的撞球是那個某甲能夠撞擊最多的」是不同的。前一語句涉及一個主觀的選擇，它表示某甲假定有關「好的」的意義與標準是一樣的，但這只限於撞球的情況。

　　綜觀這一章的所述，作者明顯地強調「好的」的意義與標準的不同，我們要在兩者之間作一區分。他對「好的」的意義的了解，是就共通於所有事情的理想狀態說的。一件事做得完滿，便是好的；某種做法能夠達到目的，也是好的。至於「好的」的標準，則視個人對該事情的特殊關係和自身的特殊情境而定。整章所談的「好的」的問題，其基調在於我們處理事情的方式，特別是技術性方面的方式。作者並未把「好的」指涉到道德問題方面，更未提到道德的良心或良知的問題。前此我們提到，作者的立場是經驗主義的；以這種立場，自然很難說道德的良知，後者

是超越的。若以超越的道德的良知來說「好的」或「善」的意義
與標準，自可有完全不同的說法。關於這點，我們這裏暫不多作
討論。

本　文

6.1　以上的論證建立了一點，即是，作為稱讚用的「好的」一詞語，不能夠以一組不是用來稱讚的特性來界定。這並不表示在被稱為「使成為好的」（good-making）特性與「好的」之間沒有關係；這只表示這種關係不是涵蘊關係。稍遲我會討論這關係是甚麼。但在此之前，我們必須提防一種人們容易墮入的錯誤；當「好的」並不是如自然主義所提出那樣是可分析的一點被表明後，人們便容易墮入這錯誤了。這個錯誤是假定，由於「好的」不是一個複合性質的名字（例如「好的草莓」，表示「甜的、多汁液的、堅固的、紅色的和大的草莓」之意），因此，這一定是一單一性質的名字了。當然，倘若「性質」只表示「一個形容詞的所指」的話，則說「好的」是一個單一性質的名字，是沒有問題的。但倘若我們認為對於每一個形容詞，在這個表面上簡單但在哲學上卻使人困擾的關係中都有某些東西與它相應的話，情形便不同了。但由於「性質」通常並不用到這樣的廣泛意義上，因而那詞語在這種關連下的用法便引起嚴重的混亂；它引起人們對「好的」與一些典型的單一的性質詞語，例如「紅色的」的比較。我們現在必須考究這種比較。由於要建立一個邏輯的標準來區別單一與複合性質事實上非常困難，因此我不會把論證限制得那樣狹窄，一如這比較所可能提出的；我要運用的那個論證，將會同樣地反駁那理論，提出在一般地被接受的意義下，「好的」是一個複合性質的名字。我的論證是杜爾民先生的一連串的論證的補充，他的論證是用極好的技巧排比出來，以反

對一個相似理論的。¹

　　「紅色的」一詞語有些特別，我們可以某種方式解釋它的意義。有一個提議，以為詞語的邏輯的性格可以通過查考我們如何解釋它們的意義來研究，這是由維根斯坦（Wittgenstein）提出的。這方法的要點是，先提出那種可能使學員得到錯誤意義的方式，然後再顯示出可以糾正錯誤的要素。假定我們正在教導一個外國哲學家學習英文，他有意地或粗心大意地犯了他邏輯地可能犯的所有錯誤（任何人實際上犯了或避免了甚麼錯誤，那是無關重要的）。我們要先假定，在開始時，他並不懂英文，我們對他的語文亦毫無所知。到某個階段，我們接觸到單一的性質詞語。倘若我們要對這個人解釋「紅色的」（red）一詞語的意義，我們可能這樣做：我們可能帶他去看郵筒、番茄、地下火車等，在指給他看這每樣東西時，說：「這是紅色的。」然後我們或者會帶他看看除了顏色之外在大多方面都相同的東西（例如，在英格蘭與愛爾蘭的郵筒，成熟的和未成熟的番茄，倫敦的運輸火車和主線的電動火車），在每一處都說：「這是紅色的；那不是紅色的，而是綠色的。」這樣他便會學到「紅色的」一詞語的用法；他會熟悉它的意義。

　　人們容易這樣想，所有在任何意義下用到事物方面的詞語，其意義都可以同樣的方式（直接地或間接地）來傳達。但並不是如此，這點是很清楚的了。「這個」一詞語便不能以這種方式來處理。〔中間不譯〕我們要問一下，「好的」的意義是否可以這樣地解釋，倘若不可以，那又為甚麼。

1　《在倫理學中的理性》（*Reason in Ethics*, ch. ii）。

6.2　「好的」可以用到任何數目的不同類的對象上，這是它的特性。我們說好的板球棒、好的時計、好的滅火器、好的圖畫、好的夕陽、好的人。「紅色的」也是一樣，以上所列出的東西都可以是紅色的。我們首先要考究，在解釋「好的」一詞語方面，是不是可能在這些表述式中一次過解釋它的意義呢，或者必須先解釋「好的板球棒」，其次是「好的時計」，再而「好的滅火器」，這樣依次做下去呢？倘若是後一情況的話，我們在每一次解釋中，是否應教一些完全新的東西——像在教完「快速的摩托車」後教「快速的染色」——抑或只是重覆地做一次，只改變例子呢——如教完「紅色的摩托車」後教「紅色的染色」？此中或者有第三個可能性呢？

以為即使在前一日我們教了「好的板球棒」，「好的時計」仍會是一全新的課程的看法，馬上會遭遇到困難。因為這表示，在任何時候我們的學員只能運用「好的」一詞語到他到該時刻為止所學過的對象的種類中。他將永遠不能進入新的對象的種類方面去，而運用「好的」一詞語。他學了「好的板球棒」和「好的時計」，他不能處理「好的滅火器」。他學了後者，仍不能處理「好的摩托車」。但實際上，有關我們使用「好的」的方式的一件最應知道的事是，我們能夠把它用到那些我們從未稱為「好的」的完全新的種類的對象上去。假定有一個人第一次搜集仙人掌，把其中一個放在他的壁爐的架子上——那是該國家唯一的仙人掌。假定一個朋友看見了，說：「我一定要有一個。」因此他從它們的出產地要來一個，把它放在他的壁爐的架子上。當他的朋友進來見到，說：「我得到一個比你的好的仙人掌。」但他怎麼知道如何這樣地運用那詞語呢？他從未學過把「好的」用到仙

人掌上去；他根本不知道判別好的和不好的仙人掌的任何標準。
但他曾經學過運用「好的」一詞語，學了之後，他能就好的次序
將之用到他所想用的任何種類的對象上。他和他的朋友可能爭論
起好的仙人掌的標準來；他們可能樹立起對反的標準；但除非他
們能沒有困難地運用「好的」一詞語，他們是不能這樣做的。因
此，由於我們可以不需要其他指導，便能把「好的」一詞語運用
到新的種類的對象上去，因此，學習把那詞語運用到一種類的對
象上，與學習把它運用到另一種類的對象上，不能視為是不同的
課題──雖然學習一新種類的對象的好的標準可能每次都不同。

　　「好的仙人掌」的應用不應算是一種新的課題，那是奇怪
的；因為好的仙人掌似乎與好的時計沒有甚麼共同的地方，而好
的時計與好的板球棒也是。但我們似乎可以知道那詞語的用法，
而不需別人告訴那要點──這要點使我在某一類對象中能夠將那
詞語應用到這類中的一個分子上去。假定這樣，在教導「好的」
的意義方面，我們決定不被好的時計、仙人掌和板球棒的表面的
相異點所推延；假定我們盡一切辦法要在任何種類的對象中找到
可以指向的東西，說「在這裏了，這便是使一物事為好的東西
了；當你學習到能認出那難以捉摸的性質，你便會知道那詞語的
意義了」。這從表面看來似乎是一自然的程序；因為，倘若「好
的」一詞的用法對於所有種類的對象是共同的話，它必須有一共
同的意義；而我們也可以很自然地假定，倘若它有一共同的意
義，則亦應有一共同的性質是它所涉及的，像「紅色的」那樣。

　　這種努力注定是要失敗的。但我們雖然不能替所有種類的對
象找到稱為「好的」的共同性質，我們可以把範圍縮小；我們可
以放棄只找一個共同的性質的努力，而把那詞語的用法分為若干

小組，在每一小組中，那詞語都涉及一個共同的性質。我們可以這樣想，首先我們可以教導那詞語在其「內在的」用法方面的意義，其次便教導「工具的」用法，如類推。

　　但這程序亦會引起困難。提出這樣做的人通常對「內在的」好最感興趣；他們把「工具的」好分開，實是要忽略它。這表示他們亦以這種方式忽略了處理「工具的」好的巨大困難。我提議採取相反的做法；我要暫時把「內在的」好放在一邊，先研究是否可以視「工具的」好為一共同的表面的性質。

6.3　上面那個提出來的程序有兩種不同的可能做法。一個人試圖解釋「工具地」用的「好的」的意義，他是假定我們正在尋找的那個共同的性質可以導致「內在」意義的好。但這是難以成立的；因為我們以一種工具的路數來稱呼很多東西為「好的甚麼甚麼」，它們卻不能導致「內在的」好。例如好的手槍（在殺人犯手中和在警察手中都是同樣的好）。這裏，假定那詞語有一種「工具的」用法，「好的」一詞語似乎是像「好的時計」那樣地被運用哩。好的時計也不是時常能導致內在的好——倘若它們是用在正飛行的飛機上，而那飛機是要向選定的人們投擲原子彈的話，便不是導致內在的好了。

　　另外一種可能性是基於這樣的假定來解釋「工具地」用的「好的」一詞語的意義：即是，它與「有效率的」是同一意思；即是，「能導致一個目的」；它即為了這目的而被使用。「好的」有時可能確有這種意思。現在我不想討論它是否有這個意思，而是要討論，倘若有這個意思的話，「能導致因之而被應用的目的」是否那種性質——我們可以在一次授課中能教導我們的

外國朋友認明的那種性質。假定我們嘗試這樣做。我們帶他到很多人的地方，他們正在用某些東西來做某些事，我們對他說：「這是一個好的 X，這不是一個好的 Y。」諸如此類。假定他是愚鈍的，或裝作是這樣。我們帶他去看板球棒、時計和滅火器，都加以指出哪些是好的，哪些是不好的。但他仍然拒絕承認他能認出一種遍在於這三類東西的好的分子中的性質。他的困難是明顯的。好的滅火器與不好的滅火器的不同，在於能很快地熄滅火燄，而不發出煙來，等等；好的時計與不好的的不同，在於能給出格林威治時間，容易讀出時間，等等；好的板球棒與不好的的不同，在於打球時打得遠和迅速，不會使人發痛，等等；但在這三種表演中，他實在很難找出可認明的共同點哩。我們都稱呼它們為「那些用具為之而應用的目的」。但這種共同的稱呼，也產生同樣的困難，如我們在「好的」一詞語中所有的那樣。因為，除非我們在每一種新類型的用具的情境都能教他能獨立地認出它們的目的，不然的話，我們仍必須要每次教他新的東西；這不是有關「好的」一詞語了，而是有關「目的」一詞語了。而「目的」一詞語所發生的問題，與「好的」的一樣；這事實表明那問題在這兩種情況中有共同的根源。我們記得亞里斯多德把「目的」一詞語造成哲學中的一個專門的概念，將之界定為「由行動而達致的善」。[2]

6.4　有某類型的詞語，我們可以廣義地稱之為「作用的詞語」。一個詞語，倘若為了要充分地解釋它的意義，我們要說出

---

[2]　*Nicomachean Ethics*, 1097^{a}23, 1141^{b}12.

它所指涉的對象是為了甚麼，或它要做甚麼，則這詞語是作用的。作用的詞語不單包括狹義的工具的名字，同時包括技術人員和技術的名字。我們不會知道一個木匠是甚麼，除非我們知道他是做甚麼的。螺絲鑽亦是一樣，我們不會知道一個螺絲鑽是甚麼，除非我們通過《簡明牛津英語字典》知道它不單具有「一個長長的柄，等等」，它同時是「木匠的器具，在木一類東西中鑽孔用」。我們不能把很多螺絲鑽拿給我們的外國朋友看，教他當見到一個時如何去認明它，這樣地解釋「螺絲鑽」的意義。他可能能夠沒有錯誤地這樣做，但仍不知道螺絲鑽有甚麼用，因而不能充分地知道那詞語的意義，如字典中所說。

對於像「這不是一個好的螺絲鑽」一類我們將要討論的語句的特徵，視之為基於「螺絲鑽」一詞語的這種特色（它是一作用的詞語的事實），較之說「好的」一詞語在這語句中有特別的意思，更易導致清楚的印象。在這語句中，在所用的詞語的意義方面，我們輕易地被傳達出好的螺絲鑽的其中一個必須的標準，但那是通過「螺絲鑽」一詞語來傳達的，不是通過「好的」一詞語來傳達的。在上面我們看到，我們可以建構可只由直陳的小前提導出的「假言的」祈使語句，這只要把那祈使的大前提放到結論上，而成為「若」的子句便可。這裏我們有一個相似的做法。要知道一個螺絲鑽為的是甚麼，即是要知道那個螺絲鑽要滿足的目的；這即是要知道，能夠鑽孔是作為一個好的螺絲鑽的必要條件，或者，倘若不能鑽孔，則它不是好的螺絲鑽。但倘若我們這樣界定「螺絲鑽」，使這大前提是分析的話，則通過把「螺絲鑽」一詞語包含在結論「這不是一個好的螺絲鑽」中，我們便可以使這結論成為可以只由直陳的小前提「這螺絲鑽不能鑽孔」導

出了。

但要知道一個螺絲鑽為的是甚麼，即是只要知道基本的一點：一個好的螺絲鑽的眾標準；這即是只要知道一個必要的條件。孔可以用很差的螺絲鑽來鑽的。實際上，我們可以說，倘若一個螺絲鑽完全不能鑽孔，則肯定地它是一個壞的螺絲鑽；但這是視「螺絲鑽」的定義而定的。因此，「好的螺絲鑽」的意思遠超過「有助於螺絲鑽為之而應用的目的——鑽孔——的實現的螺絲鑽」；它最低限度有「有助於好好地實現螺絲鑽為之而應用的目的——鑽孔鑽得好——的螺絲鑽」的意思。因此，即使我們的外國朋友知道一個螺絲鑽是甚麼，此中仍然有很多關於一個好的螺絲鑽的標準的事是我們必須教他的。例如，我們要告訴他一個好的螺絲鑽是不會使手起泡的，不生銹的，和能鑽出有清楚邊界的孔的。

讓我們問一下，告訴我們的外國朋友一個螺絲鑽是為了鑽孔的事，最低限度包括些甚麼。我們應該要帶他看看人們怎樣用螺絲鑽來鑽孔。他可能要知道他們在做甚麼。倘若他想他們只是在運動他們的手腕，那我們便不能以這種示範的方式向他解釋一個螺絲鑽為的是甚麼了。現在我們說，要嘗試產生一種結果，即是要在我們的知識和能力的限度下，選擇去做那些能導致結果出現的事。因此，要嘗試做一個孔即是選擇做那些能導致一個孔的作成的事（包括選擇那些器具）。

倘若我們不是想解釋一個螺絲鑽為的是甚麼，而是想解釋它是為了甚麼而設計的，則這個同樣的詞語「選擇」便突顯出來了。為了鑽孔而設計一個器具，即是選擇它要這樣地被製造出來，俾有助於鑽孔。「選擇」一詞語在這種方式下突顯它自己，

這一事實，是很有趣的。去選擇即是去回答一「我應做甚麼」這種方式的問題。那個設計一個為鑽孔用的器具的人會問他自己：「我要這器具怎樣設計呢？」他會回答：「要這樣的設計，俾能導致鑽孔。」那個要鑽孔的人會問他自己：「我應該用哪種器具呢？」他會回答：「用那種能導致鑽孔的器具。」由此可見，在現在的討論與本書第一部分的討論之間有很重要的聯繫。現在讓我們回到我們的外國朋友方面吧。我們可以這樣說，倘若我們可以解釋他知道選擇是甚麼——或者他已知道了，則我們便可以就器具方面，解釋如何找尋它是為了甚麼的；倘若我們能夠解釋這點，我們便又可以給他一些有關如何區分好的器具與壞的器具的基本解釋。在另一方面，倘若他不明白選擇是甚麼，則亦不會明白我們的任何解釋的。

很明顯地見到，我們又面對一個與先前所說的相似的情境了。告訴別人某一類事物的分子所以是好的分子，就每一類對象來說，實在都是一項新的課程。但無論如何，「好的」一詞語總有一個一貫不變的意思，這個意思學了便能明白，不管是討論哪一類的對象。我曾說過，我們要在「好的」一詞語的意義與它的應用的標準之間，作出一個區分。即使是在工具的好的情況，也沒有一個共同的標準，適用於所有類型的對象的。每一次我們仍要教導我們的學員一些新的東西。無疑地，「能導致」一詞語會在我們的所有解釋中出現。但在這詞語之後，便會有一些其他表述式出現，像「鑽孔」或「準時」，這是在每一種情境中都不同的。倘若我們不寫這些不同的表述式，而寫「那器具為之而設的……」一共同的表述式，我們即再引進一個表述式，它的意義是那「紅色的」的做法所不能說明的。它需要一種理解，那是有

關它要選擇甚麼的；而這種理解是必須的，不管我們是在解釋「螺絲鑽」或「時計」的意義方面指涉到它，或者我們只通過例子來「不足夠地」解釋這些詞語的意義，而丟下對選擇的指涉，直至我們必須解釋「好的螺絲鑽」或「好的時計」為止。

　　因此，那個「工具的好」的概念，本來是要引進來消滅「對於每一類對象的新課程」的困難的，卻不能助成這個意圖了。總括來說，此中並無在所有情境中——其中一類（不管是哪一類）的一個分子被稱為「工具地好的」——都可認明的共同的性質。因此，即使我們把「好的」一詞語的用法分為某幾個大類，如「工具的好」、「內在的好」，等等，我們仍不能把應用「紅色的」一詞語的解釋的技術應用到那些類中。我們可以教人知道那個把「好的」一詞語應用到某一個別的類中的標準；但這並不教人知道那個詞語的意義。一個人可以學習如何把好的和壞的螺絲鑽區分開來，而完全不知道「好的」的意思。即是說，他可以把螺絲鑽分開成一堆堆，好的和壞的，他能很正確地這樣做，卻仍不知道這種分類是為了較喜歡選取一些螺絲鑽，而不喜歡選取其他的哩。譬如說，假定他和我們一道出遠洋探險，我們對他說「不要忘記帶一個螺絲鑽」，他卻帶來一個壞的；我們便會這樣想，他並不知道「好的螺絲鑽」的意思，雖然很能把好的和壞的螺絲鑽分別開來。

6.5　現在我想說明一種方式；假定我們的外國朋友知道「選擇」一詞語的意義，我可以通過這方式，在一個課堂中向他解釋「好的」的意義；此中的矛盾的性格會強調我已作出的論點。假定我叫他教我一種他自己的國家的遊戲，他說他會教我撞

球遊戲。他解釋說這遊戲是以一種稱為撞球的東西來玩的。我在要他敘述撞球或那遊戲的事之前，對他說：「你從甚麼地方得到這些撞球呢？」他回答：「由製造撞球的人；在我們國家，每一個市鎮都有一條街，裏面都是製造撞球的人。」我便問：「假定你要買一個新的撞球，來到這條街，看到各種類的撞球，價錢都一樣，你要選擇哪種類的撞球呢？」他回答：「倘若其他方面都是一樣，我會選擇那個我能撞擊最多的撞球。」我於是冒昧地說：「呀，我知道了，你以為最好的撞球是那個你能撞擊最多的。」

　　我能夠這樣說，可能使我的聽者感到迷惑。我們必須假定他是通過與其他形容詞的類比，知道「最好的」是「好的」的最高級形式。但奇怪的是，雖然我不知道撞球遊戲如何玩法，或撞球的樣子，或撞擊是甚麼，而只憑他告訴我倘若所有其他方面都是一樣，他會選擇那個他能撞擊最多的撞球，冒昧地說他認為這類撞球是最好的撞球。他可能會問我——一個對那遊戲全無所知的人，我如何能說出他認為撞球——他能以之作出最多的撞擊——具有甚麼性質呢，除了他能以之作出最多撞擊之外？

　　現在我們要研究一下我歸因於他的這個意見，看看它的一些邏輯的特性。這意見是：

　　　最好的撞球是我能撞擊最多的那個。

讓我們稱這語句為 A。首先，我們要指出，A 語句與下面我稱為 B 的語句的意思並不相同：

　　　「最好的撞球」這一表述式的意思是「我能撞擊最多的那
　　　個撞球」。

倘若我說他所想到的是 B，我便是把一個在他來說是奇怪的意見

歸於他了。因為這是一個有關在意義方面一個詞語（「最好的」）和一個片語（「我能撞擊最多的那個」）的相等的意見。由於他並不知道（也不以為知道）「最好的」一詞語的意義，他怎能具有有關甚麼片語與它相等的意見呢？

　　讓我們再詳細地把這個情況列出。我知道「最好的」一詞語的意思，但不知道「撞球」或「撞擊」的意思；他則知道後兩個表述式的意思，而不知道「最好的」的意思。因此我們兩者實在都不能說 B。但我說過他所想的是 A；即是說，我把一個意見歸於他，這意見並不是有關詞語的意義，而是有關哪一種實質的東西是最好的撞球。這個意見，倘若我們其中一個知道那要用的詞語的意思的話，可以用 A 語句的文字表示出來。

　　復次，我在這事件中已經到達這樣的地步，可以在一個課堂中把「最好的」因而也包括「好的」的意義解釋給他聽。因為我是猜想他對撞球具有如 A 一表述式所表示的看法。這是一個關連到選擇方面的看法。這個解釋的矛盾的特徵是，它牽涉到某一類對象（撞球），而我並不知道這對象的好的標準。這表示解釋「好的」的意義與解釋它的應用的不同的標準，相當不同。當然這解釋不是一邏輯的分析，在這章裏我們並不關注邏輯的分析，但這最低限度是一個草圖，顯示一種方式，幫助一個不知道「好的」的意義的人去了解它。

　　6.6　在這點上，一個粗心大意的觀察者可能誤解我用來解釋「好的」一詞語的意義的程序。似乎可以這樣說：「無疑地現在我們可以看到『好的』畢竟像『紅色的』那樣。它涉及一個共同的性質，只是這共同的性質具有這樣的特性：在一種特別的方

式下不能為人所把握；這是與紅不同的。它實在是那種性能，能產生某些內在的經驗，或以某種方式與某些內在的經驗連在一起；這些內在的經驗，只有那個具有它們的人才能經驗得到。這些經驗可以稱為有目的的或優先的，它們的一些例子，即是我們所謂『嘗試』，『致力』，『寧取』，『選擇』，等等。」這個反對意見繼續表示：「當然，倘若一個詞語涉及某種經驗，你是不能通過實例顯示將之界定給一些從未有過那經驗的人的；這在『紅色的』來說也是一樣。你不能顯明地將『紅色的』界定給一些從未有見過一個紅色的對象的經驗的人。」這反對意見的結果，會解散我的一切論證。因為我一直強調「好的」不同於「紅色的」是在於，它的意義並不依賴它的應用的標準；但倘若「好的」的應用的標準是要具有某些有目的的或優先的經驗的話，則我們便不能夠再依我一直用的方式把意義與標準區別開來了。因為我們可以通過使我們的朋友具有這些經驗，然後告訴他「好的」一詞語曾經適當地被應用到它們的對象上，來向他解釋「好的」的意義。這便可使「好的」正像「紅色的」了——因為你也是通過使學員具有某些經驗和告訴他「紅色的」一詞語是適當地被應用到它們的對象上，來解釋「紅色的」的意思。因此，我需要摧毀那個假定：通過說出「好的」一詞語是適當地被應用到某些可認明的經驗的對象之上，便是充分地解釋了這詞語的意義。這裏有一點是值得指出的，就關連到在道德的脈絡中的「好的」來說，這是一個熟悉的理論；因為有時有人說，在這些脈絡中，我們知道只要由觀察我們是否具有對一個對象的某些經驗——例如「道德的認許」的經驗或一種「合適的感覺」的經驗，便決定是否把「好的」一詞語應用到那對象上。

　　我們必須指出，在我對我的外國朋友解釋「好的」一詞語的
最後階段，其關鍵點是，從他方面我知道，假定所有其他的方面
都是一樣，他會選擇一個他能撞擊最多的撞球；我即由於這點，
告訴他他以為最好的撞球是那個他能撞擊最多的。我並未有由於
這點而告訴他最好的撞球是他能撞擊最多的那個；這有根本的重
要性。因為，可能是這樣，倘若我知道某甲在所有其他方面都是
一樣的情況下會選擇他能夠甚麼甚麼的撞球，我便可以說：「某
甲以為最好的撞球是那個他能夠甚麼甚麼的。」這當然不等於我
可以說：「最好的撞球是那個某甲能夠甚麼甚麼的。」因為，假
如我的聽者誤解了我的意思，以為他可以正確地把「最好的」一
詞語用到他會選擇的某一類的任何分子上，假定所有其他的方面
都是一樣的話。假定我要他告訴我哪一個曲棍球棍子是最好的，
他會選擇使他作為一個新手失球最少的那個，說：「這是最好的
了；在你告訴我有關『最好的』一詞語後，我知道這樣說是正確
的；因為這是我想選擇的那個。」但這樣我便要向他解釋，他犯
了一個錯誤；因為他選擇那曲棍球棍子，並不表示這是最好的，
只是他以為是最好的而已。

　　聽者所做的，可以通過下列的說法清楚地表示出來。雖然是
相反的經驗，他是假定了標準與意義是一樣的。因此，由我前面
的說法，他正確地知道了當他選擇或想選擇某種撞球時所有的那
種想法，實正確地通過說最好的撞球是甚麼甚麼表示出來；知道
了這點後，他知道了「好的」一詞語的意義，那不是只用於撞球
上面，而是用於任何其他東西上的，他很自然地以為他知道了運
用那詞語的標準。但實際上他根本不亦知道有關應用那詞語的標
準。因為，關於撞球的標準，他是知道了，但有關其他東西的標

準，他卻一無所知，因為它們全不同於撞球的標準。他所知道的
是那詞語的意義，而不是它的標準。由於標準不同於意義，因而
他可以以很充足的關於意義的知識去運用那詞語，但由於對正確
的標準的無知，因而將之用於錯誤的對象上去，這完全是可能
的。故即使他沒有誤解我上一段的意思，即使他正確地知道「好
的」的意義，他仍可能說「最好的曲棍球棍子是我失球最少的那
個」；他這樣說，可能是正確地運用「好的」一詞語來表明他對
曲棍球所具有的想法——即是，他選擇或要選擇這樣的曲棍球棍
子。當然他可能選擇那種在我們——我們知道選擇曲棍球棍子的
標準——看來是不好的哩。

　　復次，要犯上我剛才所指涉的混亂，我們不必相信「內在的
經驗」。一個人完全用「優先的行為」來解釋「選擇」一詞語，
也可能犯上同樣的錯誤。一個人或一組人對某一類的某一分子取
優先的態度這一事實，其自身並不是說它是那一類中的一個好的
分子的必然的或充足的條件；它只是那很多事物中的最重要的一
個而已，這些事物可能使我們想說他們以為它是好的。假定我們
正在研究「好的飲品」的意義。我們發現美國人特別喜歡可口可
樂，俄國人則特別喜歡伏特加；他們分別用 good（好的）和俄
文中相應的詞語來形容這些飲品。但這並不表示那個英文和俄文
的詞語在意義上有甚麼區別。這只表示美國人與俄國人以為哪一
類飲品是好的；這對於發現分別流行於美國和俄國的好的飲品的
標準來說，是有幫助的。不用說，這種混亂並不限於好的飲品的
問題方面——那些以為通過研究優先的行為而能找尋到「好的」
的意思的人，註定會發現如下的對於行為的可靠的導引：他們應
該像他們現在那樣繼續去做，或像他們所研究的大多數人那樣去

做。[3]

　　我必須解釋到目前為止我忽略了「意思」或「意指」（mean）一詞語的一個共通的意義（sense）：說意義（meaning）不同於標準明顯地是不正確的。假定我最後成功地教導了我的外國朋友「好的」的意思，我是就到目前為止我一直用的這詞語的意義來教他的；為了慶祝這點成績，我們到他的國家旅行，看一場撞球比賽。假定他對我說：「那個剛走出來的人是我國最好的撞球選手。」我可能會問：「你說最好的選手是如何意思呢？」他可能回答：「我是說他時常打出最多的撞球紀錄。」我所問的和他所回答的，顯然是稱他為最好的選手的標準。我可能這樣問：「甚麼因素使你稱他是最好的選手呢？」顯然我不能問他「你說最好的選手是如何意思呢？」（「意思」的第二個意義涉及標準），除非我已經知道「最好的選手」的表述式的意思（「意義」的第一個意義不涉及標準）。我絕對不想否認「意思」一詞語在這樣的脈絡下的這個意義的存在性。實在說來，由於它與那詞語的其他意義——那是我一直著力的——混在一起，因而生起那些我一直在清理的大多數的問題。

---

[3]　關於這點的繼續的討論，請參考我在《心靈》雜誌（*Mind*, lx, 1951, 430）中對《價值——一個協同式的探究》（*Value, a Co-operative Enquiry*, ed. Ray Lepley）一書的評論。

七、陳述與估值

提要與評論

　　這一章包含不少少見的或專有的事例，特別是只有英國讀者才明瞭的。對於這些事例的列述，我們都刪去不譯。刪去了，也不影響全章的主要意思。這是首先要指出的一點。

　　文中作者主要是指出陳述詞語與估值詞語的相似之點；同時指出，「好的」一詞語同時具有陳述的和估值的意味，其中尤以估值的意味為基始的。

　　作者認為陳述詞語與估值詞語起碼有三點相似點。就「M是一輛紅色的汽車」一陳述式與「M是一輛好的汽車」一估值式為例來說，這三相似點可示如下：

一、兩者都能傳達純粹的事實。「M是一輛紅色的汽車」固是傳達事實，即「M是一輛好的汽車」亦是。後者較難理解。作者解釋說，假定我對某人說「M是一輛好的汽車」他從未見過M，對M也無所知，但卻知道我們習慣上說「好的」是哪類型的汽車。因而他便能從我的意見中知道M是甚麼樣的汽車。

二、兩者都能使聽者最後用「好的」或「紅色的」來給出或獲得消息。假定我對一個人說及很多汽車，說一些是好

的，一些是不好的，一些是紅色的，一些不是紅色的。假定他以後有機會研究這些車，知道「好的」、「不好的」、「紅色的」、「不是紅色的」的意思，最後他會運用「好的」、「紅色的」等詞語，在與別人的交談中，告訴別人或從彼方獲得消息。

三、「好的汽車」和「紅色的汽車」就所傳達的消息的精確度或含糊度來說，「好的」和「紅色的」都可以改變。紅色的意思很鬆散，只要介乎某些顏色之間便可。汽車的好，也很鬆散。不過，兩者的嚴格的標準也是可建立的。

接著作者指出，「好的」同時具有陳述的和估值的意思，其中，陳述的意思是次於估值的意思的。理由有二：

一、對於「好的」所用到的每一種類的對象來說，估值的意義都不變，但其陳述的意思則在所有的情況中都不同。例如，說好的時計、汽車、風扇，都有稱讚的意思，這便是估值。但其好的標準或內容都不同，即是，所陳述的意思都不一樣。故估值的意思是常數，陳述的意思是變數。常數應為基始，變數應為次要。

二、我們可以應用「好的」的估值力量來替任何種類的對象轉變其陳述的意思。例如，汽車將來可能改變其設計，那時我們便要改變稱呼「好的汽車」的標準，但好的估值的或稱讚的意思還是不變的。

作者強調，雖然「好的」的估值的意義是基始的，但它的次要的陳述的意義卻總會保留的。而陳述的和估值的意義的相對的突顯程度，則視所稱讚的對象的不同而有不同。如說「一枚好的雞

蛋」，其陳述的意思非常清楚，即是，一枚沒有腐化的雞蛋。但說「一首好的詩」，則陳述的意思便很模糊。這是由於，我們對於評估好的雞蛋，有很固定的標準；而對於好的詩，則沒有或難有可以普通地接受的標準。但也要知道，「好的雞蛋」並不純然是陳述的，「好的詩」也不純然是估值的。

作者也說，一般來說，標準越固定，便越多人接受，傳達的消息也越多。但詞語的估值的力量，並不與陳述方面成反比例。這兩者的變化可以是各自獨立的。

綜觀之，作者在這章所強調的是，「好的」的估值的意思總是維持不變的，但它的陳述的意思則可變化，視說者的認識、觀點與約定俗成的意見而變化。不管「好的」是取估值的或陳述的意涵，其基調還是有關事物的性質或技術性方面的，沒有道德方面的涵義。關於這一點，和上一章的情況相同。

本　文

7.1　在上面的論證所生起的一切問題中，那個關要的問題是：關於譬如是草莓來說，有兩方面我們可以說的；第一方面通常稱為陳述的，第二方面則是估值的。關於第一方面的意見的例子如，「這草莓是甜的」，和「這草莓是大的、紅色的和多汁的」。關於第二方面的意見的例子如，「這是一個好的草莓」，和「這草莓正如一般草莓所應如是的」。第一種意見常被視為第二種意見的原因；但第一種自身並不必涵蘊第二種，第二種自身也不必涵蘊第一種。但在這兩者之間，似仍有一些密切的邏輯的關連。我們的問題是：這關連是甚麼呢？說其中有一關連，並不表示甚麼，除非我們能說出這關連是甚麼。

那個問題也可以這樣表示：倘若我們知道一個個別的草莓所具有的一切陳述的性質（知道關連到這草莓的每一陳述的語句，不管它是真的抑是假的），倘若我們又知道「好的」一詞語的意思，則我們還需要知道甚麼，俾能夠說出一個草莓是否好的呢？那問題這樣表示，答案應該是明顯的。我們應要知道，一個草莓能稱為好的的標準（criteria）是甚麼，或使一個草莓成為好的的特性是甚麼，或草莓的好的標準（standard）是甚麼。我們應該要求大前提被給予出來。我們已經見到，我們不必知道任何這些後者的東西，便能知道「好的草莓」的意思──雖然「說一個草莓是好的是甚麼意思」一語句也是有意義的；除非我們也知道這些其他問題的答案，我們是不知道這語句的答案的。現在應是闡明和區分這兩種方式的時候了；在這兩種方式中，我們能被視為

知道說一個對象是它那一類中的一個好的分子的意思。這可以幫助我們更清楚地看到在「好的」和像「紅色的」和「甜的」一類詞語間的不同點和相似點。

由於我們已處理過不同點方面，這裏不妨提出一些相似點。為了這個用意，讓我們先研究「M 是一輛紅色的汽車」和「M 是一輛好的汽車」兩語句。要知道「汽車」與「草莓」不同，它是一個作用的詞語，如上一章所界定的。我們參考《簡明牛津英語字典》便知道汽車是有輪的載客車，而有輪的載客車則是運輸的工具。因此，倘若一輛汽車不能運輸任何東西，由汽車的定義我們知道它不是一輛好的汽車。但我們這點了解，與知道一輛好的汽車的詳盡的標準所需要的相比較，是太輕微了。為了簡明起見，我提議下面忽略了這個複雜的因素。我會把「汽車」〔的問題〕視為不必作用地界定便能處理：即是說，我假定只通過顯示出汽車的例子，便能知道「汽車」的意思。當然，要指出一詞語是否作用的，並不時常是容易的；像所有有關意義的問題那樣，這要視乎個別的說者如何運用那詞語而定。

「M 是一輛紅色的汽車」和「M 是一輛好的汽車」的第一個相似點是兩者都能夠用作和時常用作傳達一種純粹是事實的或陳述的性格的消息。假定我對某人說「M 是一輛好的汽車」，他並未見過 M，對 M 也一無所知，但在另一方面卻知道我們習慣上說「好的」是哪種類的汽車（知道在汽車中被接受的好的標準是甚麼），他無疑會從我的意見中，知道它是甚麼樣的汽車。倘若他後來發現 M 不能行走超過每小時三十公里的速度，或用太多汽油，或生滿銹，或車頂穿了多個大洞，他便會埋怨我了。他埋怨的原因會與我把一輛黑色的汽車說成是紅色的是同樣的。

我使他期望那汽車是某種樣子的，實際上它卻是相當不同的哩。

　　這兩語句間的第二個相似點是這樣的。有時我們運用它們，並不是為了傳達消息，而是為了使聽者最後用「好的」或「紅色的」的詞語，來給出或獲得消息。舉例來說，假定他對汽車是完全陌生的，如同今日我們大多數對馬匹陌生那樣；假定他對汽車的知識，並不比要區別一輛汽車和一輛有蓋的雙座小馬車所需要的知識為多。在這種情況，我對他說「M 是一輛好的汽車」並不會給予他任何有關 M 的消息，只是這是有關一輛汽車的消息而已。但倘若那時或後來他能夠審察 M，他便能知道一些東西了。他會知道 M 所具有的一些特性即是那些使人們——或起碼使我——稱它為好的汽車的特性。這可能不會知道許多。但假定我對很多汽車都作出這類型的判斷，說一些是好的，一些是不好的，而他又能夠審察我所說及的全部或大部分汽車的話；假定我在說它們是好的或不好的的方面，遵守一個一致的標準，他最後是會知道很多的。倘若他夠小心的話，最後他會到達這個階段，在我說出某輛汽車是好的汽車之後，知道他可以期望是哪類型汽車——例如快的，在路上穩定的，等等。

　　現在倘若我們正在處理「紅色的」，而不是「好的」，我們應稱這程序為「解釋那詞語的意義」——實際上，我們可就某個意義說我所做的，是解釋人們所謂「一輛好的汽車」的意思。這是「意思」的一種意義，對此我們必須警覺，如我們已看到的。無論如何，那些程序是非常相似的。我可以通過不斷地說各種汽車，如「M 是一輛紅色的汽車」，「N 不是一輛紅色的汽車」，諸如此類，來解釋「紅色的」的意思。倘若他具有足夠注意力的話，不久他會達致這樣的地步，能夠運用「紅色的」一詞

語來給出或獲得消息，最低限度是有關汽車的消息。在「好的」和「紅色的」方面，都有這個程序。在「紅色的」的情況，我們可以稱為「解釋那意義」；但在「好的」的情況，則只能鬆散地和在第二義下稱呼它；為了清楚起見，我們必須稱它為「解釋或傳達或確立在汽車中的好的標準」之類。

好的標準，像「紅色的」的意義那樣，通常是公開的和一般地被接受的。當我對某人解釋「紅色的汽車」的意思，除非我是被視為非常古怪的，不然的話，他是期望會發現其他的人同樣地運用那詞語的。同樣地，起碼就汽車一類對象——此中有一一般地被接受的標準——來說，他由我口中知道汽車的好的標準之後，會期望能夠運用「好的汽車」一表述式，把消息給予別人，或從他們方面獲得消息，而不發生混淆。

「好的汽車」和「紅色的汽車」的第三個相似點如下：就它們所傳達或能夠傳達的消息的精確度或含糊度來說，「好的」和「紅色的」都是可以改變的。通常我們運用「紅色的汽車」一表述式，是很鬆散的。任何汽車，其顏色只要在紫色和橙色之間，便可稱為紅色的汽車，而沒有發生語言的濫用。同樣地，說汽車好的標準，一般來說也是非常鬆散的。某些特性，例如不能超過每小時三十公里的速度，對於除怪僻者以外的任何人來說，都是拒絕稱呼它為好的汽車的充足條件。此中並無一組精確的可接受的標準，使我們能說「倘若一輛汽車能滿足這些條件，則是好的；否則，則是不好的。」事實上，在這兩種情況，我們都可變得精確的，只要我們想這樣做的話。為了某些用意，我們可以同意不說一輛汽車是「真正紅色的」，除非它的油漆的紅度達到某種可測量的純粹性和飽和性的程度。同樣地，對於汽車的好，我

們可以採取一非常精確的標準。我們對於任何不能在一限定的時間內安全地在某一競賽跑道中環繞一周的汽車，不能符順某些有關方便來往等等的嚴屬的規定的汽車，可以不稱為「好的汽車」。〔以下不譯〕

　　有一重要之點是要提出的。它們的標準的精確性與鬆散性，絕不會把如「好的」的詞語與如「紅色的」的詞語區分開來。在這兩類中的詞語都可以是陳述地鬆散的或精確的，這要看那標準如何嚴格地為慣習所置定而定。以為價值的詞語之不同於陳述的詞語，在於前者陳述地較後者為鬆散，肯定是不正確的。在這兩種類的詞語中，都有鬆散的和嚴格的例子。像「紅色的」一類詞語可以是極端地鬆散的，絕不會成為估值的；而像「好的污物水道」一類表述式可以有很嚴格的標準，絕不會失去估值的意味。

　　另一重要之點要提出的是，由於「好的」與「紅色的」的這些相似點，人們很容易以為其中沒有分別之處：以為提出在汽車中的好的標準即是提出「好的汽車」一表述式的意義，以為「M 是一輛好的汽車」的意思正等於「M 具有某些特性，其名字即是『好的』」。

7.2　　這裏有一點是值得注意的。「好的」一詞語的關連到消息方面的作用，假設「好的」完全沒有稱讚作用，同樣可以運作得很好。這點可以通過代以另一詞語來闡明，那詞語是為此意思而設的，它被設定為不具有「好的」的稱讚力量。讓我們以「可的」作為這個新詞語。[1]像「好的」那樣，「可的」可以用

1　譯者註：為了解釋只有傳達消息而缺乏稱讚的作用，作者創作了 doog

來傳達消息，只要知道它的應用的標準便可。但這又使它在這些標準被知曉之前，變得全無意義，這又不像「好的」了。我通過指出不同的汽車，說「M 是一輛可的汽車」，「N 不是一輛可的汽車」，等等，來表明那些標準。我們必須這樣擬想，雖然「可的」不具有稱讚的力量，但我正在運用的在汽車中的可的標準，與在前一例子中我所運用的在汽車中的好的標準，是一樣的。因此，像在上面的例子那樣，聽者若是具有足夠注意力的話，便能夠運用「可的」一詞來繪出或獲得消息。當我對他說「Z 是一輛可的汽車」，他便知道可以期望它有些甚麼特性；而當他想告訴別人 Y 汽車具有那些相同的特性時，他可以說「Y 是一輛可的汽車」。

因此「可的」一詞語可以作出（雖然只關連到汽車方面）「好的」一詞語的一半工作——即是，有關給予或獲得消息的一切工作。它不能做那些關連到稱讚方面的工作。因此我們可以說「可的」的作用，正像一個陳述的詞語。首先，聽者通過我給他的應用的例子，學習如何去應用它，然後把它運用到新的事例上去。很自然地，我們可以說，我正在做的，是教導聽者「可的」的意思；這又表示出，我們可以很自然地說，當我們學習一個關於「好的汽車」的表述式的課程（即是，學習它的運用的標準），我們是學習它的意思哩。但就「好的」一詞語來說，這樣說是會引起誤會的。因為「好的汽車」的意思（另一種意義的「意思」），可能會被不知道它的運用標準的人所了解；倘若有

一字來代替「好的」（good），這字不能譯，譯者勉強用「可的」來翻譯。

人說某輛汽車是好的，他可能了解為那人在稱讚它哩；而這樣了解，即是了解那表述式的意思。復次，如我們較早（6.4）所見到的，關於「好的」；有些人可能了解聽者所了解有關「可的」的所有東西（即是，如何把那詞語用到正確的對象上去，應用它來給出和獲得消息），而仍被說為不了解它的意思；因為他可能不了解說一輛汽車是好的即是稱讚它。

7.3　一些讀者可能反對說，視「好的」的陳述的或報導的工作為它的意思，不管是哪一種意義的「意思」，都是不合法的。這些反對者可能認為，說「好的」是用來作稱讚用，已足夠地顯示出它的意思了；他們可能認為我們從它的應用中所得到的任何消息，完全不是意思或意義的問題。當我說「M 是一輛好的汽車」，我的意思是稱讚 M。倘若一個聽者由我的評論，加上他對我慣常地用來估量汽車的優點的標準的知識，而得到這有關汽車的陳述的消息，則這不是我意思的一部分；聽者所做的，只是一個歸納的推理，由「赫爾一向都稱讚屬於某種陳述的汽車」和「赫爾稱讚 M」，推出「M 是屬於那種陳述的」。我懷疑這種反對基本上是言詞上的，我並不想反對它。在另一方面，我們必須堅持，知道把「好的」一詞語應用到汽車上的標準，並不即是知道——起碼就完整的或基本的意義言——「好的汽車」一表述式的意思；直到這點的限度，我們必須同意這個反對意見。在另一方面，「好的汽車」一表述式與它的應用的標準的關係，和一個陳述的表述式與它的定義的特性的關係，非常相似。這相似性在我們的語言中，有相應處：當我們問，「你說好的是甚麼意思？」獲得的答案是，「我意思是它能走時速八十公里，

而不會發生故障。」由於這種用法的不可懷疑的事實，我以為最好用「陳述的意義」一詞語。復次，倘若說者的用意基本上要一語句傳達消息，則我們可以很自然地說它具有陳述的意思。當一張報紙報導某甲在一好的場地開啟了擊球，它的用意基本上不是稱讚那場地，而是向它的讀者報告這是關於場地的甚麼的陳述。

7.4　現在要證立我說「好的」的陳述的意義是次於它的估值的意義一點了。我這樣說有兩個理由。首先，對於「好的」所用到的每一種類的對象來說，估值的意義都是不變的。當我們說一輛汽車或一枚時計或一根板球棒或一幅圖畫是好的時，我們是在稱讚它們。但由於我們是就不同的原因來稱讚它們，因此那陳述的意義在所有的情況中都不同。我們在早年便具有對於「好的」的估值的意義的知識了，但隨著對象的類別——它們的性質是我們要學習區分開來的——的增長，我們便不斷地學習在新的陳述的意義中運用它。有時我們通過在某一個特殊領域的專家的教導，來學習在一種新的陳述的意義中運用「好的」——例如，一個騎師可能教我如何去認明一個好的獵人。在另一方面，有時我們卻自己弄一個新的陳述的意義哩。當我們在開始對某一類對象有一個標準，其中某些分子我們需要依優劣的次序來排列，但此中直到目前為止我們卻沒有標準，這情況便發生了，如「仙人掌」的例子（6.2）。我會在下一章討論我們為甚麼要稱讚事物。

說估值的意義是基始的的第二個理由是，我們可以應用那詞語的估值的力量，來替任何種類的對象轉變其陳述的意思。這便是那些道德的改革者常在道德中所做的；但同樣的程序亦可在道

德之外發生。例如，汽車在不久的將來可能在相當程度改變其設計（如基於經濟的原因而改變其大小）。到那個時候，我們可能不再稱那種車──我們現在仍正確地共同地這樣稱呼──為「一輛好的汽車」哩。就語言一面來說，這如何會發生呢？目前，我們都粗略地同意（雖然只是粗略地）說一輛汽車是好的的必要和充足的標準。倘若我所說的事真的發生的話，我們可能會說「沒有五〇年代的汽車真正是好的；在六〇年之前不會有好的汽車」。這裏我們不可能以與現在相同的陳述的意思來運用「好的」一詞語；因為一些五〇年代的汽車確是具有那些特性，使它們在「好的」的五〇年代的陳述的意義下可以稱為「好的汽車」。所發生的事是，那詞語的估值的意義被應用，以移轉其陳述的意義哩；我們實是把「好的」再定義過來，倘若它是一純粹是陳述的詞語的話。但我們是不能說「再定義」的，因為那估值的意義保持著不變；我們只是改變那標準而已。這與史提芬遜教授稱為「勸誘的定義」（persuasive definition）的程序相似；[2]不過，這程序是不必以情緒來亟亟潤飾的。

我們可以指出，反映於語言的變化中──實際上也部分受到其變化影響──的標準的變化，有兩種主要方式。第一種是剛才我說過的；「好的」的估值的意思保留下來，而被應用，以改變陳述的意思，建立一個新的標準。第二種則不常在「好的」一詞語方面發生；因這詞語已被穩固地建立為一價值詞語，因而那程序實際上變成不可能了。這程序是這樣的，通過我稱為制約的或「引號」方式，不斷地運用那詞語，而逐漸空掉它的估值的意

---

2 《倫理學與語言》（*Ethics and Language*, ch. ix）。

思；當它完全失去它的估值的意思，它便被作為一個純然是陳述的詞語來應用，來指述對象的某些特性，當我們要稱讚或責難這類中的對象時，便為了這個用意而引入一些很不同的價值詞語。〔以下不譯〕

7.5　雖然就「好的」來說，其估值的意思是基始的，但也有另外一些詞語，其估值的意思是次於其陳述的意思的。這些詞語如「整潔的」和「勤勉的」。兩者通常都作稱讚用；但我們也可以說「太整潔」或「太勤勉」，而沒有嘲諷的意味。這些詞語，其陳述的意思與它們最緊密地連繫著；因此，我們雖然為了某些用意，必須將它們歸入價值詞語一類（因為倘若我們視它們為純然是陳述的，則會產生邏輯的錯誤），它們也沒有「好的」那樣充足的意思。倘若一個詞語的估值的意思，本來是基始的，而變成次要的，這即表示那詞語所指涉的標準變成是習慣的了。當然我們不能精確地說這種情況何時會發生；這像冬天來臨那樣哩。

雖然「好的」的估值的意思是基始的，但它的次要的陳述的意思卻從來沒有完全掩沒掉。即使我們估值地運用「好的」一詞語來建立一個新的標準，它仍有一種陳述的意思，這並不是傳達消息的那種，而是，在建立新標準中，它的應用，對於它後來具有一種新的陳述的意思的應用來說，是本質的預備——像定義在一個純然是陳述的詞語中那樣。我們同時要指出，「好的」的陳述的和估值的意義的相對的突顯程度，視它所稱讚的對象類型的不同而有不同。我們可以舉兩個極端的例子來顯示這個意思。倘若我說「一枚好的雞蛋」，我所指涉的雞蛋是甚麼樣地陳述的，

是很清楚的——即是，一枚沒有腐化的。此中，陳述的意思最為
突顯，因為我們對於評估好的雞蛋，有很固定的標準。在另一方
面，倘若我說到一首好的詩，這是一首怎樣陳述的詩，則很少透
露——因為對於好的詩，並沒有可以接受的標準。但我們必須不
要這樣想，以為「好的雞蛋」純然是陳述的，或「好的詩」純然
是估值的。〔以下不譯〕

　　一般來說，標準越固定，越多人接受，傳達的消息便越多。
但我們必須不要這樣想，以為詞語的估值的力量的不同，恰與陳
述方面成反比。這兩者的變化是獨立的：一個標準固定地被建立
起來，而為人所堅信，一個包含「好的」的判斷可能傳達很多消
息，但亦絕不會減輕其稱讚程度。〔中間不譯〕無疑地，倘若
「好的」一詞語在某一語句中具有很少估值的意思，很可能它的
陳述的意思就頗多，反之亦然。因為，倘若它在兩方面只有很少
的意思，則它的意思便很少，而不值得談了。就這個限度來說，
那些意思是相反地變化的。但這只是一個趨勢；我們可以公平地
說，「好的」通常最低限度具有這兩方面的一些意思；它通常具
有足夠的這兩方面的意思，使它值得被說出來；假定開首那兩個
條件滿足了的話，那兩種意思的程度是獨立地變化的。

　　當然亦有這樣的情況：我們運用「好的」一詞語，完全沒有
稱讚的意味。我們必須分開很多種這樣的非稱讚的用法。第一種
稱為引號用法。倘若我不慣於稱讚任何除了最現代者之外的建築
式樣，我仍可以說「下議院的新的廳堂是很好的歌德式的復甦
哩」。我這樣說，可以有很多種意思。首先它可以等於「一個好
的供選擇的例子，倘若一個人正在找尋例子，來顯示歌德式的復
甦的典型的特色的話」，或「一個歌德式的復甦的好的樣本」。

這是一種特別化了的估值的意思，這裏我們不涉及它。在另一方面，我可以指「真正優越於大多數其他歌德式的復甦的例子，因此應在歌德式的復甦的一類建築物中受到稱讚，雖然不是在一般的建築物中」。我們現在也不涉及這個意思；這是一種與一有限類的比較的稱讚的用法（8.2）。我們所關涉的大體的意思是，「這是那一類型的歌德式的復甦的建築物，對於它，某一類的人──你知道他們是誰──會說『這是一個好的建築物』」。這種關於「好的」的用法的特色是，我們時常要把「好的」一詞語放在引號中，以擴展它的意思；這樣便有那個稱呼。在這種用法中，我們自己並不是在作出一個價值判斷，而是在暗指其他人的價值判斷哩。這類型的用法，在道德判斷的邏輯中是極其重要的，在其中它曾引致一些混亂。

要知道的是，當某一類人──他們數目眾多和特出，致其價值判斷值得為人深知（例如在任何行業中的「最好的」人）──具有稱讚那類對象的嚴格的標準時，則以一種引號的意思來運用「好的」，是最容易的。在這種情況，那種引號的用法可以傾向譏諷的意思，不只是不是稱讚，而且是相反哩。〔以下不譯〕

還有一種用法，在這種用法中，估值的內容的缺去，對說者來說不夠明顯，我們不能說它是引號的用法或諷刺的用法。這是習俗的用法，在這種用法中，說者只是對某一習俗提出空口的應酬話，來稱讚一些東西，這只是由於大家都這樣做而已。即使我對傢俬的設計完全沒有興趣，但仍然可以說「這件傢俬有好的設計」。我這樣說，並不是要替自己或任何人提供選擇傢俬的意見，只是由於別人告訴我一般人都認為是好的設計的標準的那些特性，我只想表示自己在傢俬方面有「好的興味」而已。在這種

情況，實在很難說我是否在估量傢俬的價值。倘若我不是一個邏輯家，我是不應該問及我自己那些可以決定我是否在估量傢俬的價值的問題的。這樣一個問題會是「如果有人（與傢俬生意沒有關連的人）一貫地不問價錢，只管把傢俬填滿他的房子，而不理會你用以判斷這件傢俬的設計的好的標準，你會以為這是他不同意於你的明證麼？」倘若我回答「不，我不會這樣；因為，哪些傢俬有好的設計是一事，一個人為自己選擇些甚麼傢俬是另一事」，則我們便可以總結地說，我實在不曾通過說是好的，來稱讚那設計，我只是對一個習俗說空口的應酬話而已。稍後我們會再回到這種嚴密的查究（11.2）。

這些只是我們運用「好的」一詞語的很多種方式中的一部分而已。一個邏輯家是不能窮盡語言的精細處的。他所能做的是指出我們應用一個詞語的一些主要的特點，因而提醒人們防止那些主要的危險。要對價值詞語的邏輯有充足的理解，端賴對於我們應用它們的方式的繼續的和敏銳的注意。

八、稱讚和選擇

提要與評論

　　這章的論述很清晰和具有條理。作者首先強調「好的」一詞語的基本作用在於稱讚。稱讚的用意在提供意見，供選擇之用。這自與標準一問題有密切的關聯。我們可以說，選擇是對某一實際的對象或目的的選擇，這是依於標準的，作者即透過實際的對象或目的來說稱讚。

　　作者認為稱讚所涉及的東西，不是個別的，而是一些普遍的性質。即是說，我們稱讚某物，表示倘若有任何東西具有與某物相同的條件，我們亦應稱讚它。或者說，當我們稱讚一個對象，我們的判斷並不只是有關那個個別的對象，而是關乎與它相似的所有對象的。這稱讚可以指涉很廣的範圍。故稱讚不應是單稱的祈使語句，而應具有普遍的涵義，而為全稱的祈使語句。

　　作者舉汽車為例。當我們稱讚一輛汽車，我們是向聽者說出自己的標準，並向他提供選擇的意見。稱讚所涉及的，並不單是那輛個別汽車的性質，而是汽車一般的性質。聽者亦不必只選擇那輛被稱讚的個別的汽車，而可選擇具有這些性質的任何汽車。

　　由稱讚到選擇，是完成一個事務的兩個重要歷程。作者特別強調，由稱讚以提供選擇的意見，必須保持前後的一致性。這是

極其重要的。我們不能基於不同的以至相反的特性或標準來稱讚。不然的話，稱讚即失去它的作用，使聽者無所適從，無從決定如何選擇。

關於這個意思，作者進一步具體地發揮如下。就應用「好的」一詞語來說，「好的」指涉到對象方面某些普遍的性質。它的應用與特殊的個別的對象並沒有關連。例如兩幅在所有方面都是相似的圖畫，倘若說其中一幅是好的，則亦必須說另外一幅也是好的。其理由是，倘若說其中一幅是好，而不說另一幅是好，則是稱讚一個對象，告訴聽者一個標準，而同時卻拒絕稱讚一個相似的對象，這無異抵消了剛才提出的標準。這其實是運用不一致的標準來作判斷。

如以上幾章那樣，作者運用「好的」的意思，都不是道德的。文中他提出一非常重要之點，即是，稱讚所涉的，不是個別的對象的性質，而是多個對象的共同具有的性質，或普遍的性質，因此，稱讚基本上是作出全稱的祈使語句，不是單稱的祈使語句，這個論點，可以建立稱讚的客觀意義。全稱即涵客觀的意思。

本　文

8.1　　現在我們要研究我們一直在敘述的「好的」的邏輯的特徵的理由，和探究何以它具有估值的和陳述的意義的這種特殊的結合。那理由將在其用意中找到，它即為了這些用意，而被應用於我們的討論中，像其他價值詞語那樣。對於這些用意的探究，會顯示出在這本書的第一部分所討論的問題與對估值的語言的研究的關係。

我曾說過「好的」一詞語的基本作用在於稱讚。因此我們必須研究稱讚是甚麼。當我們稱讚或責難任何東西，那是常常為了最低限度間接地要在現在或將來為我們自己或他人的選擇提供意見。假定我說「南方銀行的展覽是非常好的」。我應在甚麼脈絡下適當地說這句話呢？我這樣做的用意會是甚麼呢？很自然地，我會對一個正在猶豫著是否要到倫敦去看那展覽的人說這句話，他也可以在倫敦，正不知是否要去看看。不過，就指涉到選擇方面來說，並不是時常這樣直接的。一個正由倫敦返回紐約的美國人，當他與一些在最近的將來無意到倫敦的人談話時，仍然可以作同樣的評論。因此，為了要顯示批判性的價值判斷最後全都關涉到選擇方面，和倘若沒有這點關涉，便不會被作出來了，我們要探究一下我們具有標準是為了甚麼用意。

烏姆遜先生曾指出，一般來說我們是不說「好的」鐵線蟲（wireworm）的。因為我們從來不會碰上這種情境，要在鐵線蟲中作選擇，故不需要這方面的建議。因此我們不需要具有鐵線蟲的標準。但我們很容易想像這種情況會變化的。假定鐵線蟲成

為漁人的一種特殊的魚餌。這樣我們便會說到發現一種非常好的
鐵線蟲（例如，一種特別肥美的和對魚有吸引力的），正如目下
漁翁們會說及發現一種非常好的沙蟲那樣哩。我們只具有對於一
類對象的標準，我們只說及一種樣本的優點，以與其他的相對
比，我們只運用有關它們的價值詞語，當某些機會被知道是存在
的；在這些機會中，我們或另外一些人便要在樣本間作出選擇
了。倘若沒有人具有看或不看圖畫的選擇（或研究或不研究它們
的選擇，如同藝術學生研究它們那樣，或買或不買它們的選
擇），則我們便不應該說圖畫是好的或是不好的。這裏我列舉了
這麼多種類的選擇，恐怕會使人感到模糊了。因此必須要指出，
倘若我們需要的話，事情是可以弄得精確的；因為，當我們說一
幅圖畫是好的，我們是可以列明我們說它好是就哪一方面說；例
如，我們可以說「我說它是一幅好的圖畫，那是就研究來說，而
不是就要買下它來說」。

　　我們可以列舉更多例子。除非有時要決定是否到窗口看夕
陽，我們是不應該談及好的夕陽的；除非有時要選擇桌球桿，我
們是不應該談及好的桌球桿的；除非可以選擇去做哪一樣的人，
我們是不應該談及好的人的。當來布尼茲（Leibniz）談及「所
有可能的世界中最好的」時，他腦海中是一個在種種可能性間作
出選擇。擬想出來的選擇是不必發生過的，我們也不必期待它發
生；我們只需擬想它發生便成了，俾我們能就它來作出一個價值
判斷。不過，我們必須承認，最有用的價值判斷是那些牽涉到一
些選擇者，那些選擇是我們很可能要作出的。

　　8.2　　要指出的是，即使是關於過去的選擇的判斷，也不是

只是涉及過去的。如我們將看到，所有價值判斷，其底子都是普遍的性格，它們指涉到一個可以運用到其他相同例子方面去的標準，也表述對於這個標準的認可。倘若我非難一個人做了某些事，我是擬設他或其他人或我自己具有這樣的可能性，去再次作一個相似的選擇的；不然便沒有理由去非難他了。因此，倘若我對跟我學習駕駛的人說「你這個做法不好哩」，這本來是一種非常典型的駕駛教導的例子，而駕駛教導是旨在教導一個人在未來駕駛的，而不是在過去駕駛的；為了這個目標，我們非難或稱讚既往的駕駛手法，俾能傳授給他那個標準，引導他後來的做法。

　　當我們稱讚一個對象，我們的判斷並不只是有關那個個別的對象，而是不可逃避地關乎與它相若的對象的。因此，倘若我說某一輛汽車是好的，我並不是只是說及有關那個個別的汽車的一些東西。只是說及有關那個個別的汽車的一些東西，這不能算是稱讚。我們已經知道，稱讚即是對選擇提供意見。就對於一個個別的選擇提供意見來說，我們有一種語言的工具，那不是單稱的祈使語句方面的稱讚。倘若我只想告訴別人選取某輛個別的汽車，我可以說「選取這輛吧」。倘若我不這樣說，卻說「這是一輛好的」，我是在說更多的東西哩。我所說的，有這樣的涵義：倘若有任何一輛汽車是像這輛的話，則它也是一輛好的；但若說「選取這輛吧」，則沒有這樣的涵義：倘若聽者見到有另外一輛汽車，和這輛是一樣的，則他亦可以選取它。進而言之，「這是一輛好的」一判斷的涵義，並不只限於與這輛恰好是一樣的汽車。倘若是這樣的話，則那涵義會在實用上沒有用了；因為不可能有任何東西是恰好像某樣東西的。那涵義是及於在有關方面都和這輛汽車相像的每一輛汽車的；而那些有關方面都是它的優點

——我所稱讚的它的那些特性，或稱之為好的。每當我們稱讚一個對象，我們的腦海是指涉到有關那個被稱讚的對象的一些東西的，那是我們稱讚的原因。因此，當有人說「這是一輛好的汽車」，我們便可以問「它的好處在哪裏？」或「你為甚麼說它是好的？」或「你在稱讚它的甚麼特性呢？」這都是有意思的。要精確地回答這問題，並不時常是容易的。倘若我們不明白何以這時常是一個合法的問題，我們便不會明白「好的」一詞語的作用了。

我們可以比較兩個對話（與 5.2 中的相似），把這點顯示出來。

(一)甲：鍾斯的汽車是一輛好的汽車。

乙：甚麼地方使你說它是好的呢？

甲：它就是好的。

乙：但此中必定有某個你說它是好的的原因，我意思是它所具有的某種性質，由於這性質，你說它是好的。

甲：沒有呀；我因之而說它是好的的性質，正是它的好，沒有其他了。

乙：你的意思是它的外形、速度、重量、操作性能，等等，對你說它是好是不好都沒有關係麼？

甲：是的，都沒有關係；那唯一有關係的性質是好的性質，正如我說它是黃色的，那唯一有關係的性質便是黃色的性質。

(二)相同的對話，只是把「好的」轉成「黃色的」，和除卻最後的語句（「正如我說……黃色的性質」）。

甲在第一個對話中的立場之所以是古怪的理由是，如我們所

指出的，「好的」是一個「附隨的」或「隨著而來的」形容詞，當一個人說某個東西是好的，他是時常會被合法地問及「它的好處在哪裏？」而回答這個問題即是要列出那些我們因之而說它是好的的性質。因此，倘若我說「那是一輛好的汽車」，有人問「為甚麼呢？它的好處在哪裏呢？」我回答「它的高速度加上它在路上的穩定性」，我即表示我是由於它具有這些性質或優點而說它是好的。我這樣做，亦即是談及具有這些性質的其他車輛的一些東西。任何汽車，倘若具有這些性質的話，若我不是前後相違，我便要同意說這是一輛好的汽車；雖然可能發生如下的情況：雖然它具有這些好的性質，但亦可能有其他抵銷的缺點，因而總的來說，它不是一輛好的汽車。

　　我們可以詳細地標明我何以稱第一輛汽車是好的，來解決這最後的困難。假定有第二輛汽車，在速度和穩定性方面都和第一輛一樣，但卻不能防雨，也使人難以上落。這樣我便不會說它是一輛好的汽車，雖然它具有那些使我稱第一輛為好的的特性。這表示，倘若第一輛也具有如第二輛那樣的壞的特性，我也不會說它是好的；這樣，在列舉了第一輛的好處，我應加上「……和它給予旅客掩護，和使人易於上落」。這個程序可以無限地重複下去，直至我做出一個完整的表格，列明第一輛汽車所具有的特性為止，這些特性是使我同意它是一輛好的汽車者。這並不等於我的所有所能說到的有關判斷汽車的標準──因為此中可能有其他汽車，雖然在某個程度缺乏了一些這方面的特性，但卻有其他好的特性來抵銷哩；例如柔軟的椅墊、寬廣的空間，或小的汽油消耗量。但無論如何，這都會有助於我的聽者建立一個我對汽車的標準的概念；而每當一個價值判斷作出後，在其中也可以見到這

樣的問題與答案的重要性，和對它們的相關性的認識的重要性。因為，作出這樣的判斷的其中一個用意，是使標準為人知曉。

當我稱讚一輛汽車，我是向聽者提供選擇的意見，那並不是只涉及那輛個別汽車的，而是涉及汽車一般。我對他所說的，會有助於他將來要選擇一輛汽車，或對任何人在選擇一輛汽車方面提供意見，以致於設計一輛汽車（選擇要造哪一種汽車），或寫一篇有關汽車設計的一般性論文（其中包含提供人們選擇要造哪一種類的汽車的意見）。我對他提供這些幫助的方法是使他知道判斷汽車的標準。

如我們所指出，這程序與對一個陳述的詞語下定義（使其意義或應用為人所知曉）的程序，有某些共同的特性，雖然其中亦有重要的區別。我們現在要指出在表示一個詞語的用法和表示如何選擇汽車之間的另外一個相似點。在這兩種情況中，除非導師在他的指導中都能保持一致性，不然的話，指導的工作都是不會成功的。倘若我用「紅色的」來指謂那些在顏色上有很寬泛差距的對象，聽者便永遠無法從我方面學到關於那個詞語的一致的用法。同樣，倘若我基於很不同的甚至是相反的特性來稱讚汽車，則我對他說的話，對他後來要選擇汽車，便會沒有幫助了，因為我並不是在教導他任何一致的標準哩——或任何標準，因為一個標準就定義來說是要一致的。他會說：「我看不出你用甚麼標準來判斷這些汽車；請對我解釋何以你說它們都是好的，雖然它們是這樣不同。」當然，我可能可以給出一個滿意的解釋。我可以說：「這裏有不同種類的汽車，每一種都有好的方式；此中有跑車，它們的基本要求是速度和操作性能；有家庭用車，它們要是容量大和經濟的；也有計程車，等等。因此，當我說一輛快的和

操作性能優越的車是好的，雖然它容量不大和不經濟，你必須明白我是就一輛跑車而不是一輛家庭用車來稱讚它的。」但倘若我未有意識到他的問題的關連性；倘若我只是由於一種奇想，完全偶然地發出「好的」一賓詞。則在這種情況，我顯然完全未有教導他任何標準。

　　因此我們必須把兩個問題區分開來；這兩個問題在解釋包含有「好的」一詞語的判斷中可能時常被提出來。假定有人說「這是一輛好的」。我們便時常可以問(一)「好的甚麼──跑車抑家庭用汽車抑計程車抑是在一本邏輯書中引來的例子呢？」或者我們可以問(二)「甚麼方面使你說它是好的？」提出第一個問題即是問及那個類，估值的比較即在該類中被作出來。讓我們稱它為比較的類。提出第二個問題即是問及那些優點，或「使它成為好的特性」。不過，這兩個問題並不是獨立的；因為把「跑車」的比較的類從「家庭用汽車」的類中區別開來的，是那一組要在相關的類中被找尋的優點。在所有的情況──只要那個比較的類是以一個作用的詞語來界定──都是這樣；明顯地，「跑車」、「家庭用汽車」和「計程車」比較起一般的「汽車」來說，其作用意味強烈得多。不過，有時一個比較的類可以進一步規定出來，而不必使它變得更有作用意義；例如，在解釋「好的酒」一片語方面，我們可以說「我意指的好酒，是就這個區域來說，並不是就與所有的酒的比較來說」。

　　8.3　由於「好的」和其他價值詞語的應用，其用意是在教導人們那些標準，它們的邏輯亦與這用意相應。因此我們最後到達這個階段，要解釋「好的」一詞語的特徵，那是我在這探究的

開首指出過的。如以前所假設的在所有其他方面都相似的兩幅圖畫，倘若我拒絕把「好的」一詞語應用到其中一幅中去，我亦不能把它應用到另外一幅中去，其理由在於，倘若我這樣做，便會摧毀該詞語為之而設計的用意了。我稱讚一個對象，教給聽者一個標準，而同時卻拒絕稱讚一個相似的對象，把剛才傳授的功課抵消掉。我試圖傳授兩個不一致的標準，實際上卻是完全沒有傳授任何標準。這樣做法，實無異於矛盾哩；因為在一個矛盾的情境中，我說出兩個不一致的東西，結果是聽者並不知道我所要說的是甚麼。

我到目前所說的，可以用另外一種詞彙來表示，這即是原則，那是我們在第一部分中用的。教導一個人──或為自己決定──一個判斷在某類中的一個對象的優點的標準，實在是教導或決定一些原則，俾能在該類的對象中作出選擇。知道本著原則來選擇汽車，即是能夠在汽車之間作出判斷，或把好的和不好的區別開來。倘若我說「這不是一輛好的汽車」，別人問我它缺少了甚麼優點，使我這樣說呢，我答以「它在路上不穩定哩」，這樣我即訴諸一個原則。

由於在價值判斷與選擇的原則之間的用意的密切相似性，我們要指出，我們正在討論著的價值判斷的特性（相互之間的一致性的必然性），是為全稱的祈使語句所分享的，實際上也是為所有全稱的語句所分享的，這是很有趣的。我們已經知道，我不能說「這是一輛好的汽車，但旁邊的一輛，雖然在所有其他方面都完全一樣，卻不是好的」。基於相同的理由，我們不能說「若果能夠的話，時常選取像這輛的汽車，但不要時常選取像在它旁邊而和它完全一樣的那輛的汽車」。這語句是自我矛盾的，因為它

要聽者兩方都做：時常選取像這輛的汽車，又時常不選取像這輛的汽車。在直陳語態方面的一個相似的矛盾是「像這只那樣的動物時常是不孕的，但像在牠旁邊而完全和牠一樣的那只那樣的動物卻不是時常不孕的」。

　　這種在價值判斷與原則之間的連繫，幫助我們回答在這章的開始便遇上的問題。我在上一章所說有關「好的」的估值的和陳述的意思的關係，和那些標準被採納和被轉變的方式，當我們認識到我們運用這些詞語的脈絡即是對原則的決定的脈絡——如在4.2 中所討論的——時，就很容易被解釋了。一個價值判斷可以與它所指涉及的標準，有多種關係。通過它的陳述的意思，它告訴聽者對象與標準相應。即使判斷是引號的或慣習的，這也是真的。關係的複雜性，大部分都由估值的意義而來。倘若那標準是廣為人所知和一般地被接受的，則那價值判斷所做的，僅是表述說者對它的接受或依附而已（雖然它從不述及他接受或依附它；對於這點，我們有其他表述式，如「我以為一個好的草莓應有堅實的果肉」）。倘若聽者並不熟悉那個標準（例如一個小孩），則那價值判斷的作用，亦可以是使他熟悉它或教他學習它。倘若我們這樣做，我們便不單是告訴他那標準是如是如是的了；我們更是教導他基於某一原則來作出他未來的選擇哩。我們的做法是，向他指出與那標準相應和不相應的對象的例子，說「這是一個好的」，「這是一個壞的 X」，等等。倘若我們所涉及的標準是對於一類的對象的，而那類對象是我們前此未有依其優秀的程度來排比的（例如仙人掌），或倘若我們有意識地提出一個標準，那是不同於那已被接受的，則我們的用意，便差不多完全是規範的了；我們實際上是建立一個新的標準，或調整一個已被接

受的哩。舉例來說,假定我說《高速公路規則》說好的駕駛要給出多種訊號;但事實上給出較少的訊號是較好,要小心看清楚你並沒有阻礙其他車輛,時常要這樣駕駛,俾你意想的汽車的動作不必訊號便可明顯地被認出來;我這樣是在述說一些規定,而不是在報告消息哩。[1]在獲取駕駛技術的過程中,我可能會對自己說這些話;這便像自學那樣。這樣我們便看到,價值的語言可以令人羨慕地適合表述任何我們在決定或指導或調整原則時所要說的東西;故第四章的全部可以用價值判斷的詞彙來表示,而不必用全稱的祈使原則者。這便說明了我們在熟悉這樣的脈絡以前,何以不能了解價值判斷的邏輯。

---

[1] 參考《汽車雜誌》(*The Autocar*, 17 Aug. 1951, Editorial)。

九、在道德的脈絡中的「善」

提要與評論

在前面幾章談論到「好的」或「善」的問題，都沒有道德的涵義。這章則特別標出道德意義的「好的」或「善」，這是最值得留意的一點，雖然作者如何理解道德，是另外一個問題。

作者強調，在一般人中，「好的」在道德的脈絡中的用法完全不同於在非道德的脈絡中的用法。他提出三個理由：

一、道德的好是內在的好，非道德的好則是工具的好。兩者有明顯的區分。

二、使一個人成為道德地好的性質，明顯地不同於使一枚時計好的性質。「好的」在這兩種情況中的意義並不相同。不過，這是限於陳述方面，在估值方面，意義還是一樣，因為無論是哪一種情況，我們都在稱讚。

三、「道德的好」較令人敬畏，較為重要。我們被道德的好所感動，深於被技術上的或其他的好所有的感動。

關於第三個理由，作者以為與我們自己是人有關。當我們用「好的」來作道德的稱讚時，主要是對人的。這表示，接受一個「在某種情況下如是如是的一個人的行為是好的」的判斷，包含這樣的意思：倘若我們處於相似的情況做相似的事，它也會是好的。

由於我們很有可能被置於相似的情況中，故我們對於道德的好有深刻的感覺。作者的意思是，判斷若是與我們有密切的關連，則我們便對之有深刻的感受。因而我們對道德的好的判斷有深刻的感受。

這種道德觀，顯然不同於傳統例如康德者。依康德，我們對於道德的好或善有特別深刻的感動，那是由於我們具有道德理性，它對道德法則有悅樂的感受。孟子亦說禮義之悅我心，猶芻豢之悅我口。這都是道德理性的立場，而道德理性是有客觀意義的。作者則是經驗主義的立場，不承認先天的客觀的道德理性。對於感動問題，他只通過個人的切身關係來解釋：我們對於道德的善或好有特別深刻的感動，因為它與我們有切身的關係。

進一步說，作者是以個人的利害考慮的因素來解釋我們對價值判斷的感受，不管是道德的價值判斷抑是非道德的價值判斷。就道德方面言，作者以為，我們一般對聖人的艱苦的生活的道德判斷，都僅是因循的（conventional），不是發自內心的感受，不是自覺的。作者以為，我們從來不希望這些道德判斷會影響我們的行為，或作為我們的行為的指南，因為這樣會使我們的生活或處境很艱苦。就非道德一面言，作者舉例，一個建築師對同行的作品通常是取否定的態度。其出發點是私心的。因為，倘若建築師承認別人的作品有好的設計，便等於承認在他自己的作品中沒有別人作品般的設計，便是不好。這可能意味他要對自己的作品作全幅的修改，這便對他不利。

從道德理性或道德的良知的立場上來看，作者的這兩點意見都是有問題的。我們敬佩甚至學習一個過艱苦生活的聖者，可以出自內心的道德的省覺：他為了一個道德的理想而奮鬥，而不計

較個人的利害問題，都是可理解的。從敬仰這種做法，因而激發
起自家的道德勇氣，進而發而為行動，學習或追隨他的做法，這
都是很自然的事。但這必須肯定道德理性或道德的良知的普遍
性。在另一方面，肯定以至讚美同行的作品或行為，亦可出自道
德的同情，不必為私心所左右。實際上，道德理性或道德的良知
常與私心異向，前者常能矯正後者。不過，如不肯定前者的普遍
性，便只能以私心來解釋一切行為了。

　　作者基本上是不講道德理性或道德的良知這一套的。這在上
面我們亦已提過。不過，他似乎不能完全擺脫道德責任或意識問
題，不能完全否定這類東西。例如，在談到道德的分歧問題時，
作者強調，在孤立的環境中生活的人或許能夠同意在道德方面分
歧，最低限度，相互間沒有密切連繫的社群可以同意在一些道德
的問題上分歧，而不會引致實際的不便。但倘若一個社群認為防
止某些事情發生，是一種道德的責任的話，則便不能通過同意分
歧而達成協議了。作者的意思是，在不影響實際生活方面，我們
可以同意分歧。但若涉及道德的責任時，這便不能實行，便不能
說協議，而是非要本著道德責任來做不可。此中似又預認一種道
德理性。即使如此，作者還是不正面強調理想主義的道德理性的
問題，而毋寧注目到現實的層面。因而在下面他繼續說，我們對
道德判斷賦予一種特殊的位置，因為它深刻地影響到鄰居的生
活，對我們的行為也時常有一可能的關連。這樣說，顯然是就現
實一面來看道德判斷，而忽視它的應然性理想性。作者似仍未有
這樣的意思：我們重視道德判斷，是由於它發自道德理性或道德
的良知。而道德理性或道德的良知是具有普遍性與客觀性的。因
此，他竟說道德的語言時常是情緒性的。

　　最後，作者也強調，在道德判斷中，「好的」具有估值的和陳述的涵義，一如在第七章說到的「好的」在一般的判斷中具有這兩種涵義那樣。在這兩種涵義中，估值的涵義也是基始的。關於這點，作者舉一個傳教士為例，他帶了一本文法書到達一個野蠻人聚居的島嶼。假定他知道野蠻人對好的的稱呼也是「好的」，也是表示「稱讚方面最一般的形容詞」的意思。倘若傳教士掌握了主要的生字彙，他便可以在道德問題上和野蠻人交談，只要他們是估值地而不是陳述地運用那詞語的話。那些野蠻人知道，當他運用那個詞語，他是在稱讚與該詞語相連的人或對象，只是大家把那詞語連於不同的對象上而已。例如，傳教士把「好的」連到不收集頭皮的人或不殺生方面去，野蠻人則將之連到生產大量的頭皮或殺生方面去。這則是好的的標準上的不同，後者很有陳述的意味。只要在基始方面，「好的」的稱讚的涵意不變，雙方還是可交談的，傳教士最後還可以俟機轉移野蠻人的道德觀。實際上，作者認為，「好的」在道德的脈絡中，可以具有一種陳述的力量。如一個牧師說一個女孩子是好的女孩子，我們可以想像那女孩子會是哪種陳述形態，如上教堂一類。牧師在稱讚別人方面通常是一致的。當然，說一個女孩子是好的還有稱讚的意思。無論如何，「好的」在道德的應用中，具有一種陳述的力量。

本　文

9.1　現在要問在道德的脈絡中應用的「好的」〔「美」〕是否具有那些我在非道德的脈絡中留意過的那些特性。無疑地，一些讀者可能認為我到目前為止所說的，完全與倫理學無關。倘若這樣想，那是忽略了一些非常有趣的相應事項的啟迪作用。不過，在我這方面，我並沒有權利假定當「好的」在應用於道德中時，完全順著我所描述過的方式來表現。對於這個問題，我們必須親自探究一下。但首先必須談談另外一個我可能曾輕視的區別，這即是「好的」的所謂「內在的」和「工具的」用法的區別。

哲學家們似乎有一種脾性，要做兩個相反的事項中的一個。首先是假定所有價值判斷都關係到一個對象的作用的表現，那是不同於對象自身的。其次是假定，由於一些對象是為了自身而受到稱讚，和這些對象在其純然的存在性之外，並不具有一個明顯的作用，因而稱讚這樣一個對象，便與稱讚一個具有作用的對象不同。倘若我們運用「優點」和「標準」等一般性的概念——那是我在上面的章節中討論過的，便可避免做出這兩種事來。

當我們處理那些只就其作用的表現而被估值的對象，這樣的對象的優點，會在於那些特性方面——那些特性提升或自身構成那作用的好的表現。我們可以假定我們所判斷的，是對象的表現，而不是對象本身，這樣可以把這個問題弄得清楚點。試想像我們正在評判一個滅火器。我們看它如何被應用來把火弄熄，然後評判它的表現。那表現的某些特性可以算作是優點（例如，很

快便把火弄熄，只引起很少財物上的破壞，沒有釋放危險氣體，只消耗少量昂貴的化學品，等等）。要注意的是，某些用來標示那個標準的表述式（例如「破壞」和「危險的」），其自身是價值表述式；這顯示標準的標示其自身並不是完整的，而包含對一些標準的「參照」；那些標準是為了分別估量財物的修理情況和氣體對人身的影響而用的。倘若沒有標示或規定必須指涉到的所有其他標準以作參考，便不能完整地把標準標示出來。〔以下不譯〕

　　就我們目下的用意，關於上面列舉的滅火器的表現的優點，我們必須指出的是，這正是一個優點的表列，邏輯上與不具有一個作用的某類對象的優點的表列並無不同。例如，我們可以把它與一個好的浴室的優點的表列作一比較。一個好的浴室是工具地好的（它有助於清潔的達致）和內在地好的（倘若我們要求浴室的唯一的用意是要變得清潔的話，我們便不應有這麼多的浴室了）。讓我們暫時撇開浴室的工具的好方面，而集中討論它的內在的好方面。要內在地好，一個浴室必須要是在某一溫度範圍下，且這溫度必須要在沐浴過程中持續下來；浴缸的大小，必須超過某個最低限度，這最低限度因浴者的不同而有不同；它必須是某種形狀；它必須盛滿清潔的軟水；此中必須要有超過某種幼細程度的肥皂（例如不包含有研磨料或腐蝕物質）──讀者可以依據他的興味，把更多的事項加到這表列中。在這標示或規定中，我曾試圖避免要參照其他標準，但並未完全成功；例如，「清潔的水」意即「在其中沒有污穢的水」，而甚麼算是污穢，便是估值的事了。因此，即使我們在處理內在的好，我們亦不能避免要參照，因此參照並不必然地使好成為工具的。

　　我們注意到在這兩種情況——滅火器和浴室——中我們有一個標準或優點的表列，我們稱讚具有這些優點的對象。在滅火器的情況，我們直接地稱讚它的表現，而只是間接地稱讚那個對象；在浴室的情況，我們可以說是直接地稱讚那對象。但這只是一種沒有實質分別的區分（a distinction without a difference）。我們能說「在我的皮膚上引起發熱」是浴室的一種表現麼？或說「熱」是浴室的一種性質麼？同樣地，我們要求一個好的波蘿所具有的一種優點是，它應該是甜的；甜是波蘿的一種內在的性質麼？或者，甜是一種性向，能在我方面生起某種可欲的感覺麼？當我們能夠回答這樣的問題，我們便應能夠在內在的好與工具的好之間作出精確的區分了。

　　無論如何，以為我們在稱讚一個滅火器中所做的，與我們在稱讚一個夕陽中所做的，其間沒有相異之點，那是錯誤的。我們是就完全不同的原因來稱讚它們的；而在滅火器的情況，這些原因全部都指涉到它所要做的事方面。由上面我們知道，倘若「好的」為一個作用的詞語（例如，一個工具的名稱）所跟隨，這個詞語自身即顯示出對它所被要求要具有的優點的部分的標示；而在其他情況，則沒有這種標示意味。我在堅持的是，我一直在詳細建立和闡釋優點與標準的邏輯的機制，它具有足夠的一般性，以概括工具的好和內在的好。看到這一點，便是第一步看到它可能具有足夠的一般性以涵蓋道德的好。我們現在必須轉到這個問題來。

　　9.2　讓我們看看一些理由，這些理由使人們以為「好的」一詞語在道德的脈絡中的用法完全不同於它在非道德的脈絡中的

用法。第一個理由關連到內在的好與工具的好的區別方面，這我們已經處理過了。第二個理由則是，使一個人成為道德地好的性質，明顯地不同於使一枚時計好的那些性質。因此我們很容易想到，「好的」一詞語的意義在這兩種情況中是不同的。但現在我們可以看到這是一個錯誤的結論。其陳述的意義肯定地是不同的，如在「好的蘋果」中的「好的」的陳述的意思，不同於它在「好的仙人掌」中的意思；但其估值的意義卻是一樣的——在兩種情況中我們都是在稱讚。我們是作為一個人來稱讚，而不是作為一枚時計來稱讚。倘若我們堅持，說由於在不同種類的對象中被要求的優點不同，因而「好的」的意思也不同，我們便落於烏姆遜先生所謂一個同意異義的詞語，它應用到多少場合中，便有多少「雙關的意思」的情況了。[1]

　　第三個理由是：有人感到，「道德的好」畢竟是較令人敬畏的，較重要的，因此值得自己有一種邏輯。這個要求很少公開表示出來，但它隱伏在論證的背後，而有推許它之意。實際上，比較起一枚好的時計的好來說，我們是給予一個好的人的好較多重要性的。我們並不抱怨時計的不好（雖然抱怨製造它們的人）。我們被道德的好所感動，不是人們被技術上的或其他的好所感動所能比擬的。由此可見何以我假定「好的污物渠道」中的「好的」的作用會引起道德哲學家的興趣，因而使讀者感到不安了。因此我們必須問，何以我們會有這樣的感覺，和我們確實有這種感覺這個事實，是否使我們必須對這兩種情況中的「好的」，給

---

[1]　《心靈雜誌》（*Mind*, lix, 1950, 161）。又可參考《邏輯與語言》（*Logic and Language*, ii, ed. Flew, 176）。

出完全不同的邏輯的敘述。

　　我們對人的好感到激動，因為我們是人。這表示，接受一個「在某種情境下如是如是的一個人的行為是好的」的判斷，包含接受一個「倘若我們處於相似的情境做相似的事，它也會是好的」的判斷在內。由於我們可能被置於相似的情境中，故我們對於那問題有深刻的感受。必須承認，關於亞格邁濃（Agamemnon）犧牲伊佛珍尼亞（Iphigenia）是否一宗壞的行為一問題，我們沒有深刻的感受，對於史密夫夫人搭火車而不買車票是否一宗壞的行為，我們則有較深刻的感受；因為我們不大可能處於亞格邁濃的情境，而我們大多數都會搭火車旅行哩。接受一個關於史密夫夫人的行為的道德判斷，較諸接受關於亞格邁濃者，對於我們將來的行為來說，有較密切的關連。但我們從來不會擬想自己會轉變成時計哩。

　　這些觀察，就某個程度來說，都為技術師和藝術家的行為所印證。如希斯奧（Hesiod）所指出的，這些人對於他們的相應的非道德的好，感到激動，如同普通的人對於道德的問題感到激動那樣：「陶工憎厭陶工，木匠憎厭木匠，乞丐憎厭乞丐，詩人憎厭詩人。」[2]商業的競爭並不是那唯一的原因——因為沒有惡意的競爭是可以進行的。舉例來說，當一個建築師有所感地論及另外一個建築師的房子，「這是一完全差劣設計的房子」，他有這種感受的理由是，倘若他承認那房子有好的設計，便等於承認他在自己的作品中避免那些像該房子的設計的特色方面，他是做錯了；這可能意味他要轉變他設計房子的整個方式，這是難以抵受

---

[2]　《工作與日子》（*Works and Days*, 25）。

的。

　　復次，我們不能像從作為建築師的身分和製造、應用時計的身分中脫卻開來那樣，從作為人的身分中脫卻開來。因此我們不能避免由遵守我們所作出的道德判斷所帶來的（時常是痛苦的）後果。那個建築師被迫承認一個對手的房子優於他所已設計的或能設計的，他可能會很困擾，但最後他總可以不做建築師而做酒吧店主。但倘若我承認聖法蘭西斯（St. Francis）的生命道德地比我的為好的話，倘若我真是這樣估量的話，則我除了要試圖做得像聖法蘭西斯那樣外，沒有其他選擇了，而這樣做是艱苦的。這便是何以我們大多數對於聖人的道德判斷都僅是因循的的理由──我們從來不希望這些道德判斷會成為決定我們自己的行為的指南。

　　復次，就對於道德的歧異的情況來說，我們是很難說「這完全是興味問題，讓我們同意分歧吧」的；而在那效果對我們的生命來說是深刻的的情況來說，則我們不能說這句話。因為只有在當我們能夠確定我們不會被迫作出選擇──會極端地影響其他人的選擇者──時，才可能同意分歧。在選擇必須共同地作出的情況，這點尤其正確。不過，必須指出，雖然大多數的道德的選擇都是這一類，但這樣的情境對道德來說並不是特別的。探險隊的隊員是不能在如何建造他們的木筏上同意分歧的，而共用一個廚房的諸家庭是不能在它的結構方面同意分歧的。雖然我們通常能夠逃避建造木筏和共用廚房這一關，但不能容易地逃避與其他人共同地生活於社會這一關哩。在完全孤立的環境中生活的人或許能夠同意在道德方面分歧。最低限度，相互間沒有密切連繫的社群，似乎可以同意在一些道德的問題上分歧，而不會引致實際的

不便。當然這樣說並不必然地要堅持任何類型的道德的相對主義，因為那些社群可以同意在地球是否是圓的一點上起分歧哩。同意取分歧的態度，即是在實際上說「我們會在這問題上起分歧，但我們不要為了它而憤怒或爭鬥」；這並不等於說「我們會分歧，但讓我們不要分歧吧」；因為後者是一個邏輯的不可能性。因此，倘若兩個社群同意在它們各自的地區內的合法的賭博的道德的願望方面起分歧，則所發生的事會是：他們會說「我們會這樣做，我們之中的一個社群會繼續認為使賭博合法化是不對的，其他一個則會繼續認為不是不對；但我們不會對對方的法律感到惱怒，或試圖干涉對方關於這方面的行政」。賭博以外的其他事項，也可以同樣方式來處理，假定每一個社群所做的，對於它範圍以外的地區，只有輕微的影響。但倘若一個社群認為防止某些事情發生，不管在哪裏發生，是一種道德的責任的話，這樣的協議便不能發生作用了。

　　為了要把這樣的事例與較慣常的事情比對起來，這樣的事例是值得研究的；通常我們所作出和堅持的道德判斷，深刻地影響到我們的鄰居的生活；這點本身便足以解釋我們所賦與它們的特殊的位置了。在這點上面，倘若我們再加上已經敘述過的邏輯的論點：道德判斷時常對我們的行為有一可能的關連，我們不能夠就最整全的意思來接受它們，卻不遵循它們（這個重言會在 11.2 中出現），則對於道德的特殊地位，不需更多解釋了。這特殊的地位不需要一個特殊的邏輯來支撐它；它是由這樣的事實而達致的：我們利用價值語言的一般工具，來稱讚或非難我們自己或像我們的那些人的最切近的行為。我們可以再加一句，很多道德話語的「情緒性」——有些人以為這是估值的語言的本質——只是

詞語的估值的用法的一種徵兆而已，且這是一種最不可靠的徵兆。道德的語言時常是情緒性的，這正由於它在其中典型地被運用的情境是那種我們時常有深刻感動的情境。在道德的價值語言和非道德的價值語言之間的比較（那是我正在做的）的其中一種主要用法，是把這點闡明清楚：價值詞語的主要的邏輯特性能夠出現於不顯著地涉及情緒的地方。

有些人可能反對，以為我所說的，沒有把像「自願在軍隊中做任何事從來不是一件好事」一類審慎的判斷與像「失信是不好的」一類真正的道德判斷區別開來。但較早的敘述（8.2），已使我們能滿意地把這兩類判斷區分開來了。我們很清楚地由脈絡看到，在第二種情況，我們是在一個不同的比較的類中作出稱讚，需要一組不同的優點。有時我們在一類行為中稱讚某一行為，這類行為影響到當事人將來的幸福；有時我們在一類行為中稱讚某一行為，這類行為顯示他的道德的性格，即是說，這是那些表示他是否一個好的人的行為──而那個「人」的比較的類在這個脈絡中即是那個「要變成像這樣的人」的類（12.3）。由脈絡中時常可以看到，我們是在做哪一種；而此中亦幾乎時常有另外的言詞上的差別，如在所引的例子中者。無論如何我們必須承認，在那些我們在其中稱讚別人和行為的不同的比較的類方面，我們仍要作很多的研究。

當我們運用「好的」一詞語來作道德的稱讚時，我們時常是直接地或間接地稱讚他人的。即使我們運用「好的行為」或其他類似的表述式，亦是間接地涉及人的性格。如時常為人指出那樣，這構成在「好的」和「正當的」（right）之間的一種區別。因此在說到道德的好方面，我將會只說及「好的人」和相類似的

表述式。我們要考究這種表述式事實上是否具有如我們討論過的
「好的」的非道德的用法所具有的那種相同的邏輯的特性，我們
要記取在「好的人」中的「人」顯然通常不是一個作用的詞語，
而在作道德的稱讚時，也永不能是作用的詞語。

9.3　首先，讓我們看「好的」的那個性格；這被稱為它的
附隨性。假定我們說「聖法蘭西斯是一個好的人」。邏輯地我們
是不能這樣說和同時堅持可以有另外一個人，處於恰好與聖法蘭
西斯相同的情境中，而在這些情境中，表現恰如聖法蘭西斯，卻
只與聖法蘭西斯有這點不同：他不是一個好的人。當然我是假定
那個判斷是通過在這兩者都基於那個主體的整個生命（「內在
的」和公開的）而作出的。這個例子在有關方面都與 5.2 節的相
似。

其次，對於這個邏輯的不可能性的解釋，並不依於任何形式
的自然主義；這並不是這種情況：此中有任何具有陳述的特性的
連合 C，以至於說一個人具有 C 即涵蘊他是道德地好的的意
思。因為倘若是這樣，我們便不能由於具有那些特性而稱讚任何
人了；我們只能說他具有那些特性。無論如何，「一個人是道德
地好的」這個判斷，並不邏輯地獨立於「他具有某些我們可以稱
為優點（virtues）的特性」一判斷；它們之間是有關係的，雖然
不是涵蘊關係或意義的等同的關係。

我們在上面對非道德的好的討論，有助於我們了解那個關係
是甚麼。這即是，一個有關某人的特性的述句（小前提或事實前
提），會同一種有關道德地對人作判斷的標準的規定（大前
提），涵蘊一個有關該人的道德判斷。而道德標準有很多特徵，

那是我們在其他價值判斷中找到的。應用於道德中的「好的」，
具有陳述的和估值的意義，後者是基始的。了解那陳述的意義即
是了解說者以甚麼標準來作判斷。讓我們舉一個例子，其標準是
廣為人所知的。倘若一個牧師說一個女孩是好的女孩，我們便可
以構成一個合理的想法，那是有關那女孩是甚麼陳述類型的；例
如我們可以想像她上教堂。因此我們很容易會墮入這樣的錯誤，
以為那牧師說她是一個好的女孩，意思只是她具有這些陳述的特
性。

那牧師有一部分意思是那女孩具有這些特性，這是真的；但
這不是他全部的意思。他也有由於具有它們因而稱讚她的意思；
而他的這方面的意思是基始的。當一個牧師說一個女孩是好的，
我們便知道她是哪一類型的女孩，她平常的表現怎樣，等等，其
原因是，牧師在稱讚別人方面通常是一致的。那個詞語，由於為
牧師沒有矛盾地應用來稱讚女孩子的某些類型的行為，因而具有
一種陳述的力量。

我們可以舉另外一個例子。倘若兩個舊式學校的印度陸軍少
校正在談及一個在進膳的新來的人，其中一個說「他是一個古怪
的好的人」，我們可以猜想那個被指涉的僚屬是玩馬球的，以激
情來刺殺野豬，與有知識的印度人沒有好的交往。因此那評語可
能是要把消息傳達給一個熟悉英屬印度的文化的人的。它本來是
報導性質的，因為印度陸軍的軍官慣於依照一致的標準來作稱讚
或非難。但這評論在開始不能是報導性質。先前的估值的人必須
已建立了標準；當那印度陸軍仍在發展時，對於評論僚屬的行
為，還未有已建立了的標準。那些軍官通過作出稱讚的判斷使標
準建立起來，來作稱讚的判斷，這稱讚的判斷絕對不是關於事實

的述句，或報導性的，並不表示一個好的人的標誌是例如玩馬球。對於這些先頭的人來說，「普朗卡特是一個好的人」一語句絕無「普朗卡特玩馬球」的意思，而後者也不表示前者的意思。前者是稱讚的表述式，後者是關於事實的述句。但我們可以這樣假定，若干世代之後，軍官們時常稱讚玩馬球的人，因而有這樣的設定，倘若一個軍官說另一個軍官是好的人，必有他玩馬球一意思；因此「好的」一詞語，就印度陸軍軍官的運用來說，變成是陳述的，但絕不會失去它的基始的估值的意思。

當然估值的意思可以失去，或最低限度變弱。一個標準的本質在於能穩定；但那恆久的危險是，穩定性可能趨於過度嚴格化或僵化。太過於重視陳述的力量，而輕視估值方面，是可能的；關於標準方面，只有當那些依於它們而作判斷的人能夠確定不管他們在做甚麼，他們都在作估值的事（即是，真正去引導行為），標準才能保持下來。就那些印度陸軍運用「好的人」一詞語來說，假定他們不能以任何其他方式來運用，只能陳述地運用，表示「玩馬球的人」的意思；他們便會墮入一種素樸的自然主義，不能由於玩馬球而稱讚僚屬；這表示他們不能夠把他們的已建立的標準傳給新的軍官的世代。倘若一個新的僚屬在任此職之前，具有一個銀行職員的那些標準，對激進的政治只有很少興趣，則他會繼續具有那些標準；因為他的上司會失去語言的工具來教他任何其他標準哩。即使那些舊軍官自己是估值地運用著「好的」一詞語，他們的標準在陳述方面的極端的偏執，亦可能使那新僚屬對那詞語了解到陳述方面去。這便是價值詞語如何入於引號的用法。

9.4　「好的」一詞語的陳述的意義，在道德方面，如在其他方面那樣，是次於其估值的意義，這點亦可從下面的例子中看到。假定一個傳教士帶了一本文法書到達一個野蠻人的島嶼。他的文法書的生字彙告訴他相應於他的語言中「好的」一詞語的野蠻語的稱呼。讓我們假定，由於奇妙的巧合，那個詞語也是「好的」。又讓我們假定，在他們的語言中，它也表示「關於稱讚方面最一般的形容詞」的意思，如字典中所表示的。倘若傳教士掌握了他的生字彙，他便可以和那些野蠻人關於道德方面愉快地交談，只要他是估值地而不是陳述地運用那詞語的話。他們知道，當他運用那個詞語，他是在稱讚與那詞語相連的人或對象。他們唯一感到奇怪的是，他把它用於那些意料不到的人——馴服的和斯文的和不收集大量頭皮的人——方面；但他們自己卻慣於稱讚那些勇敢的和強壯的和收集多於平均數的頭皮的人哩。但他們與那傳教士在了解「好的」一詞語的估值的意思方面，都沒有誤解。這是一個用來稱讚的詞語。倘若他們有誤解，則在他們之間的道德的交談便不可能了。

因此我們遇上了這樣一個情境，這情境對那些以為「好的」（在他們的語言中或在野蠻人的語言中）是一像「紅色的」那樣的性質詞語的人來說，似乎是矛盾的。即使那些在那個傳教士所稱讚的人中的性質，與那些野蠻人所稱讚的性質，沒有相同之處，但他們兩方面仍會知道「好的」一詞語的意思。倘若「好的」是像「紅色的」那樣，這便不可能了；因為倘若是這樣，則那個野蠻人的詞語與與它相應的另一語言的詞語便不是同義了。倘若是這樣，則當那傳教士說那些不收集頭皮的人是好的（他的語言），和那些野蠻人說那些收集很多頭皮的人是好的（野蠻人

的語言）時，他們雙方不會是不同意的，因為在傳教士的語言中，「好的」有「不殺生」之意，而在野蠻人的語言中，「好的」有很不同的意思，有「生產最大量的頭皮」之意。便是由於在其基始的估值意義方面，「好的」都不是這些意思，而是表示在這兩種語言中在稱讚方面最為一般的形容詞，因此那傳教士便可以拿它來教導那些野蠻人基督教的道德。

假定傳教士的任務達成了。這樣，先前的野蠻的人便會稱讚那些如傳教士等人所認為是好的性質，而「好的人」亦會有一些共同的陳述的意思。但危險也來了；經過一兩個世代，野蠻的人可能以為這是他們所有的唯一意思。在這種情況，對於他們來說，「好的」可能只有「照著山中訓誡中的所說來做」的意思；他們可能忘記這是一個稱讚的詞語；他們可能不知道在道德的好方面的意見，對他們要做的事的關連。這樣他們的標準會落於致命的危險中。一個共產主義者來到那個島嶼，要轉變他們的生活方式，要他們跟他那種方式，他可能會利用他們的標準的僵硬化一點哩。他可以說：「所有這些『好的』基督徒——那些傳教士和殖民地的奴僕等人——只是在為了他們的利益而欺騙你們哩。」這即是以少許的諷刺陳述地運用那個詞語。除非那些基督徒的標準已變得相當僵硬化，他還不能這樣做的。〔以下不譯〕

倘若讀者重溫在 4.6 中的所說，便會見到「好的」一詞語的這種轉變，正精確地反映出在該處所述的那種道德的發展。道德的原則或標準首先被建立起來；後來變得太僵硬，那些用來指涉它的詞語變得太偏重陳述方面去；在那些標準離開危險之前，它們的估值的力量必須要被恢復過來。在復甦的過程中，那些標準適應已轉變的環境；道德的改革發生了，它的工具即是價值語言

的估值的用法。實際上，這種對道德的停滯與腐化的糾正方法，是為了那個用意而學習運用我們的價值語言，價值語言即是為了該用意而設計出來的。這包含要實踐我們所稱讚的，而不只是紙上談兵；除非我們準備這樣做，否則我們只是在對一個慣俗的標準說空口的應酬話而已。

第三部分

「應該」

一○、「應該」與「正當的」〔有時亦可作「正確的」〕

提要與評論

　　這一章的討論，在某些方面嫌模糊，但其主要意思還是清楚的。作者首先指出，「好的」和其他道德的詞語，如「正當的」（right）、「應該」（ought）、「責任」（duty）等在文法方面有相異與相同處，其邏輯關係亦有相似處，它們亦有道德的與非道德的用法。總之，它們之間有足夠的相似點，使我們把它們歸入價值詞語中。

　　在邏輯的性格方面，作者提到，關於「好的」的附加的邏輯的不可能性，亦通用於「正當的」和「應該」方面。所謂隨性（supervenience），就「好的」的情況來說即是，對於兩個相似的事物，我們不能說它們在任何方面都相同，只有一點不同：一個是好的，另一個則不是好的。這是邏輯上不通的。作者在第五章中提到，我們不能這樣說 P、Q 兩幅圖畫：

　　　　在所有的方面，P 都恰好像 Q，但有一點不同，P 是一幅
　　　　好的圖畫，Q 則不是。

就「正當的」與「應該」的道德的與非道德的用法來說，此中也

有相類似的邏輯上的不可能性。以下只就道德的用法方面看「正當的」的情形。即是,我們不能說:

> 某甲在把錢交給某乙方面,所做的是正當的。但某甲有可能已把錢交給某乙了,和在所有其他方面某甲的做法都是一樣,只是他的做法不是正當的。

此中的理由是,「他的做法是正當的或不是正當的」的判斷,不能邏輯地獨立於他的實際的做法。倘若兩種做法都是一樣,而我們卻對一種做法判為正當,另一則判為不是正當,則在判斷上便不一致,這是邏輯上不可能的。

很明顯,這個隨性是,倘若圖畫或任何其他東西不能夠只就它們的好與不好而有區別,則行為亦不能夠只就它們的有否正當性而有區別。這是邏輯上的不可能性,基於我們運用這些詞語的方式和意圖。

關於「應該」一詞語的作用,作者以為,它是規範性質的。它的應用,是就行為與要遵從的原則相應與不相應言。若是相應,則說「應該這樣做」,若是不相應,則說「不應該這樣做」。這裏作者顯然強調原則的重要性。但原則如何確立呢?它是依於一些外在的標準,抑是發自內心的價值自覺呢?作者是經驗主義的立場,他不講價值自覺,只以訴諸心理因素與習慣、成規來說原則,這是把原則放在外在的因素來考慮。

作者也提到,「應該」也像「好的」那樣,具有估值的與陳述的力量或涵義。這兩方面可以從下面一例中看到:

> 假定某甲是一個新來的外國學生,不熟悉學校的勤力情況的標準,別人說:「如果你想知道一個人應該怎樣勤力,看看某乙吧。他並不如他所應該勤力那樣,因此,無論如

何你應該要勤力過他。」

在這一例中，「應該勤力」表示「應該」的估值的作用，由某乙的表現而估量到要勤力過他，則表示「應該」的陳述的作用。

這兩作用以何者為基始呢？關於這點，可參考在第九章說到牧師到野蠻人的島嶼去傳教的例子，估值的作用應是基始的。事實上，作者亦提到「應該」的意義與運用標準或被指涉的原則，以顯示估值作用的基始性。他列舉兩個語句為例：

一、你應該給出第二服藥。（這是對一個想成為放毒者的人說的）

二、你應該說真話。

這可分別與以下兩語句作對比：

一、他是一個好的放毒者。

二、他是一個好的人。

就後兩句看，我們可以把一個好的放毒者的優點與好的人的優點區別開來，而不必區別開「好的」一詞語的兩種意義。因為無論是哪一種情況，「好的」都是估值的或稱讚的，故這方面的意思是基始。就「應該」來說，也是一樣，在以上的兩語句，在基始的意義方面，「應該」有相同的意思。但在運用的標準方面則不同，第一語句表示被運用的標準是為了要毒害人們的標準；第二語句則指涉一個道德原則。此中的相同的意思是估值性的，故為基始。

本　文

10.1 到目前為止，在討論那些用於道德論述的詞語方面，我基本上只止於「好的」一詞語，因為我要人留意的那些特性，最容易通過這詞語顯示出來。不過，我們也需要討論其他用於道德論述中的詞語，最低限度要討論其中較具一般性的。這在當一些道德哲學家在「好的」和其他道德的詞語如「正當的」（right）、「應該」（ought）和「責任」（duty）之間作出非常嚴格的區分時，更顯得迫切了。我們將看到作出這種區分是重要的，但這並不能阻止我們討論「好的」和其他道德的詞語之間的邏輯關係，這關係無疑是存在的。因此在這部分的研究中，如在其他部分那樣，關於這些詞語的道德的和非道德的用法的相似性，是有幫助的。

若某人對「正當的」和「好的」的用法有最起碼的認識，他便不能夠堅持它們在任何脈絡中都指同一的意思。讓我們從文法的表現開始，這已經有重要區分了。我們通常說「一個好的 X」，但不說「那個正當的 X」；一般來說，我們認為說有很多好的 X 是很自然的事，但（在多數的脈絡中）說有很多正當的 X 便是古怪了——雖然我們可以說有很多 X 是沒有問題的（all right）。因此，在現代英語中，「正當的」並沒有比較級和最高級，而「好的」則有，這並不使人感到驚異。此中也有很多名詞是「好的」可以形容的，而「正當的」則不能，反之亦然。因此我們可以說「好的藝術」，而不能說「正當的藝術」；可以說「好的擊球」〔好球〕，而不能說「正當的擊球」。在另一方

面，我們可以說「你沒有彈出那正確（right）的音符」，但不能用「好的」。如奧士丁（J. L. Austin）教授的工作——很多人曾受到他在方法上的好處——所表示，這些特點可以——雖然不是時常——顯示出那些重要的邏輯的區別。

在另一方面，也有很多種類的脈絡，在這些脈絡中，我們可以應用包含有任何一個這些詞語的表述式，表示差不多是相同的意思。因此，在教導一個人駕駛汽車方面，倘若他的一個操作不能使我滿意，我可以說「你這個做得不很好」，或「你這個做得不很正確」，意思並沒有很大的區別。不過，在這個脈絡中，還是有區別；我可以說「你做得很好，但仍不是很正確」。這兩個詞語在這種脈絡中出現，使我們想到，我所說及有關「好的」的規範的功能的最低限度的一些方面，也可以適用於「正當的」，雖然我們也要知道有區別之處。

同樣的區別也可在「好的」和「應該」之間找到。這兩個詞語也可以適用於很相似的脈絡中，雖然此中亦有些區別。我們可以說「你應該較輕巧地把機件裝上」，或「倘若你能較輕巧地把機件裝上，便較好了」；同時我們可以說「你完全沒有做好」，或「你完全沒有做到你所應該做的那樣」。在另一方面，我們可以說「你做得很好，但仍然未到你所應該做的〔那樣〕」。一般而言，「應該」的用法與「正當的」較為相近，與「好的」較疏遠。當我們較精確地敘述出這三個詞語之間的邏輯關係時，便會看到，在「正當的」與「應該」之間的關係，可以較簡明地刻劃出來，而在「好的」與「應該」之間的關係，則是間接的。

10.2 雖然有這些區分，但在「好的」、「正當的」和「應

該」諸詞語之間亦有足夠的相似點，使我們都把它們歸入價值詞語一類中。要顯示這些相似點，我們可以留意那個方式，我們曾經指出過的「好的」的主要的特性，亦以這個方式而呈現於「正當的」和「應該」中。首先讓我指出，「正當的」和「應該」都具有「好的」的「附隨的」性格。我將對每一詞語都取一個道德的和一個非道德的例子。倘若我說「史密夫在把錢交給她方面，所做是正當的，但他有可能已把錢交給她了，和在所有其他方面他的做法都是一樣，只是他的做法不是正當的」，我會招來這樣的批評：「但史密夫的行為的正當性如何會像這樣失去呢？倘若那個行動、動機、情境等都是一樣，你便必須邏輯地判定他在假定的情況中是正當的，如在實際的情況中你所做那樣。倘若那假定的行動不是正當的話，則那實際的行動也不能是正當的，除非在行動方面，或它們的情境方面，或它們的動機方面，或某些方面，有一些其他的區別。」倘若圖畫或任何其他東西不能夠只就它們的好而有區別，則行為亦不能夠只就它們的正當性而有區別；這是邏輯的不可能性，基於我們運用這些詞語的方式和意圖。

　　同樣，我們不能說「你剛好在那正確的時刻轉換聯動機；但你有可能在相同的時刻轉換了它，而所有其他的情境有可能都是一樣，只是有可能那不是正確的時刻」。這表示這種特性並不限於那詞語的道德的用法。同樣我們可以看看「應該」。我不能說「史密夫原應該把錢交給她了，但這有可能不是這樣，雖然一切情況都有可能是一樣」。我也不能說「你原應該較早轉換聯動機了，但這有可能不是這樣，雖然所有各方面有可能都是一樣」。

　　我曾透露過何以我們不能說這種事；它與那些包含有這些詞

語在內的語句的隱藏的普遍性有關。讓我們簡明地指出，這並不是由於包含有「正當的」或「應該」或它們的相反詞語在內的語句是由任何一組語句所涵蘊，如有人可能這樣想那樣，這組語句以陳述的詞語把我們所指涉的事實或情境宣告出來。就「應該」來說，那是最難令人相信可以這樣堅持的。倘若是這樣，我們可取一個別的例子看看。「倘若轉慢聯動機會使汽車行得較平穩的話，你便應該轉慢它」可以由「轉慢聯動機會使汽車行得較平穩，倘若這樣做會使汽車行得較平穩的話」一分析的語句所涵蘊，故其自身可能是分析的，但在日常的應用來說則不是。它是轉慢聯動機的一個原因，這樣會使汽車行得較平穩。但它會使汽車行得較平穩這一事實，並不涵蘊（即是，容許我們只由它的意義推論出）我們應該轉慢聯動機。不管我們可能選取哪些其他的事實的語句，和對於「應該」一詞語的所有規範的應用來說，情形都是一樣。〔以下不譯〕

就「正當的」來說，自然主義的危險可能更為隱蔽；但現在我們對它應該是免疫了。倘若「現在是轉換聯動機的正確時候了」是由一陳述的語句所涵蘊，後者的形式是「現在是 C 的情形了」，則說「在 C 的情形，則是轉換聯動機的正確時候了」，將等於說出一個重言，不管我們以甚麼陳述的表述式來代替 C，它永不是這個重言。而在道德的應用的情境中，這點尤其顯著。假定有人要堅持「做 A 一事是不正當的」是由「A 一事被我國的統治者所禁止」所涵蘊，則我們只需指出，在這種情況，「做那些被我國的統治者所禁止的事是不正當的」會由「被我國的統治者所禁止的事，被我國的統治者所禁止」一分析的語句所涵蘊，因而其自身是分析的，但在日常的用法中則不是。但

我們不必對這熟悉的論證作進一步的研究。

關於「正當的」和「應該」的「附隨的」性格，其理由並不是自然主義所提的那種。我們要研究這個理由可能是甚麼。為了要進行這研究，我們必須先將那些詞語放在語言上的適當位置。它們基本上是用來給出建議或指導的，或一般來說是引導人們如何選擇。以下，我主要會討論「應該」一詞語，稍遲我們會見到，我們可以擴充對「應該」的分析，以致把這種分析涵蓋到「正當的」詞語。至於「好的」一詞語，我不會先區別它的道德的與非道德的用法，而會先處理那些共通於這兩方面的特性。

10.3 「應該」一詞語是作規範用；但規範語句可有多種，故我們要作多方面的區別。假定有人問他自己，或問我們：「我應該做甚麼呢？」或問其他屬於這一般形式的問題。為了幫助這樣的人作出決定，我們至少可以說出三種東西來。我將應用「A型規範語句」、「B型規範語句」和「C型規範語句」把它們區別開來。以下是A型的例子，是單稱的祈使語句。

A₁：運用始發手掣。

A₂：取另一種顏色的坐褥。

A₃：把錢還他。

這些規範語句的特點是，它們只直接地用到它們在其中被建議的情境上。B型規範語句則不是這樣，以下是一些例子：

B₁：倘若自動掣不靈，引擎不發動，便應該時常運用始發手掣。

B₂：一個人永遠不應該把紫紅色的坐褥放在猩紅色的椅套上面。

B_3：一個人應該時常交還他答允交還的錢。

B 型規範語句用於某一類型的情境中，而不是直接地用於一個個別的情境中。第三類型的規範語句是 C 型：

C_1：你應該運用始發手掣。

C_2：你應該取另一種顏色的坐褥。

C_3：你應該把錢還他。

一個 C 型的規範語句具有 A 型與 B 型的一些特性：它直接地用到某一個別的情境；但它亦援引或訴諸一些較一般性的 B 型規範語句。因此，倘若我說 C_1，我是援引到一些像 B_1 的一般的原則。當然我所援引的可能不是 B_1 自身；它可能是 B_{11}——「當一個人的電池完全弱下去時，他應該時常運用始發手掣」，或 B_{12}——「若在早晨冷時開發，一個人應該時常運用始發手掣」。我是在援引哪一個原則呢？這可通過問這個問題而求出：「我為甚麼應該運用始發手掣呢？」因此，倘若說出一個 C 型規範語句，我們似乎在（以一種鬆散的意思）表示此中有某些 B 型的原則是我們在援引的——雖然，即使對我們來說，也不必能馬上弄清楚這原則確切地是甚麼。這並不是 A 型規範語句的情況。倘若我說 A_1，我可能只是規定這個個別的情境（可能因為我想到「讓我們看看他是否知道如何以曲柄來發動汽車的引擎」），而沒有想到此中有一個對於這種情境的一般性原則。倘若有人要我證立 A_1，或替它給出原因，我可能訴諸一個原則。但即使是這樣，A 型規範語句只有在這樣的弱化的意義下，才預認 B 型原則：當有人向我們提出這樣一種建議，我們通常可以假定他能給出這建議的一些一般性的理由。而 C 型則在這樣的較強的意義下預認 B 型：給出一個 C 型規範語句，同時又否認

此中有任何它所依持的原則，是邏輯地不合法的。所謂「邏輯地不合法」，我的意思是我對「應該」一詞語的用法是這樣古怪，致人們感到困惑，不知我所謂「應該」是甚麼意思。

　　現在我們要研究事後的「應該」的判斷。這是這樣的形式的判斷：

　　　　D_1：你原應該運用始發手掣。

　　　　D_2：你原應該取另一種顏色的坐褥。

　　　　D_3：你原應該把錢還他。

很清楚看到，這些判斷與 B 型原則的關係，如同 C 型規範語句與 B 型原則的關係那樣。「（那時）你原應該運用……」是「（現在）你應該運用……」的過去式。兩者都以同一方式依於「一個人應該時常運用……」。另外，兩者都有一個進一步的作用；它們可以用來在一般性的規則方面指導他人。我們通過一般化的程序，由事例中學習東西；導師舉出一個個別事物的例子，那是我們原來應該做的或應該做的事物；在一些這樣的事例被指出後，我們學習到在所有某種事情的所有情境中甚麼是我們應該做的。那些事例可以事先指出來，如在「你應該運用……」中，或事後才指出來，如在「你原應該運用……」中。

　　當我們自己認識到一項我們已經做出來的行為與某一我們決定遵循的原則衝突時，我們說「我原不應該做那事」。當我們認識到一項我們正在考慮的行為會違背這原則時，我們說「我不應該做那事」。在這兩種情況，可能我們都是第一次想及那原則──或竟可能是任何人第一次想及那原則；由這「應該」語句表述出來的原則的決定，可能是全新的。最重要的是，我們不需別人教導，便能學習。

在上面所用的「指導」一詞語，當然是有點過於狹窄了。我們剛剛看到自我教導也包含在內；但即使是這樣，「應該」一詞語也不只是用於我們可以稱為「指導的」情境中。假定我說「他們不應該再建造旁道環繞牛津了」。這依於一些一般性的原則，如「當交通調查數字顯示出，在一個市鎮中的大部分車輛使交通癱瘓，不能運用旁道時，大量的金錢不應該花費在一條旁道上」。就那詞語的日常意思來說，我們這裏不能說「在一般性的原則方面來指導」，因為聽者不見得是我的學生哩。但他也許是的——我可能在作出一次有關道路的位置的演說——而其他的情境（我會應用這一語句的情境）也可以說得上是相似於那個指導型的情境，使類比明顯起來。在所有這些情境中的目標都是引導人們將來的行為。

10.4 我們具有對於駕駛、選擇顏色、設計道路和道德行為等活動的一般性的「應該」原則，其原因在於，首先，在這些活動中有很多情境不斷地重現，它們迫使我們回答——如不是在文字中便是在行動方面——「我應做甚麼」一問題。其次，這些情境可分成若干類，其中的分子相當相似，因而相像的答案可適用於同一類中的所有情境方面。第三，除非我們對於有一個老師終生在身旁，告訴我們在每一情境中做些甚麼，感到滿意，不然的話，我們便要（由他人方面或自己）學習原則，以回答這些問題。我們已知道，有關我們被指示如何去做的每一點，都必須還原到原則方面去，雖然這些可能是技術知識，難以用語言來明確和有系統地表示出來，和比較起箴言來說，更易通過事例來傳達（4.3）。

　　就關連到「好的」一詞語來說，我們見到，它的附隨性的原因是，它被用來教導或肯定，或竟被用來吸引別人注意一個標準，這標準是為了在某一類中選擇對象用的；我們也見到，那時我說及有關標準的事，原可以通過為了選擇而立的規則或原則來表示。因此，我們很自然地發現，為了一個非常相似的用意而被應用的「應該」，也隸屬於相同的限定之內。我們不能說那些我曾例示的東西，其理由在於，這樣做便等於試圖同時教導兩個互相不一致的原則了。

　　「好的」的特性，關連到它的陳述的和估值的或規範的力量之間的關係，「應該」亦具有這些特性，這是我們可以期望的。很清楚的是，一些包含有「應該」一詞語在內的語句具有陳述的力量。假定我說「在那個他原應該到達來看表演的時刻，他卻匍匐在他的車底，在五哩以外哩」。此中，假定我們知道那表演是在甚麼時候開始，則那語句是精確地向我們報告有關他匍匐的時間如同報告他匍匐的所在地的精確程度。這是由於我們全都接受這個原則：我們應該到達來看表演的那時刻（到達的正確時刻），是稍早於表演開始之時。因此，「應該」語句的陳述的或報導的作用與那原則一般地被接受的程度成正比。但它們的基始的作用並不是報導，而是規範，或建議，或指導。而當沒有消息被傳達，這作用也可以被實現出來。因此，倘若我正在教導一個人駕駛，特別是在汽車要上山應如何操作以使之移動時，我可以說「在你應該鬆開手煞車桿（hand-brake）時，你會聽到引擎發動的聲音降低」。這並不告訴他任何有關在甚麼時候他會聽到引擎發動的聲音降低的消息，如上面的情況那樣；卻是告訴他在甚麼時候他應該鬆開手煞車桿；這是用來教他有關駕駛的一條規

則。而在上一情況中，倘若我的用意是要告訴或教導別人一條有關應該在何時在劇院出現的規則的話，那便古怪了。

在道德的脈絡中也可以找到同樣的特性。假定我問：「某甲在這個學期如何勤力法呢？」答案是「未如他所應該勤力那樣」。這個答案告訴我有關某甲如何勤力的消息，因為我知道人們期待一個在某甲的處境的人如何勤力。在另一方面，倘若我不熟悉那種勤力情況的標準（譬如說，因為我是一個外國學生，是剛來的），有人可能為了告訴我這些標準而這樣說：「如果你想知道一個人應該怎樣勤力，看看某甲吧；某甲並不如他所應該勤力那樣；因此無論如何你要勤力過他。」這用法主要是規範方面的。

10.5 前面我曾談論及「好的」一詞語的「工具的」和「內在的」用法，和「假言的」單純的祈使語句等東西；以下我們要研究能否把這些東西擴展開來，俾能清理一下「應該」的所謂「假言的」和「定言的」用法的相似的同時也是使人困惑的問題。我們不想牽涉入傳統的詞彙問題中，讓我們看看以下的語句，那是皮理察（Prichard）[1]取自康德的。

（一）「你應該給出第二服藥」（對一個想成為放毒者的人說）。

（二）「你應該說真話」。

很清楚看到，第二語句在大多數情況表述一道德判斷，而第一語句則不是。但倘若我們因此而作結論，以為在「應該」一詞語的

---

[1]　《道德的責任》（*Moral Obligation*, p. 91）。

這兩種用法之間，存在著「一在意義上完全的分別之點」，如皮理察所說，和如康德所暗示那樣，那便不那樣清楚了。因為在「他是一個好的放毒者」和「他是一個好的人」兩語句中，我們可以把一個好的放毒者的優點與一個好的人的優點區別開來，而不必然地要區別開「好的」一詞語的兩種意義，除了在「意義」的次一種意思之外，在這種意思，問及「好的」是甚麼意思即是要求一個優點的表列。就「應該」來說，可能也是這樣，在以上的兩個語句，在基始的意義方面，那詞語有相同的意思，雖然其中一種情況表述道德判斷，而另一種情況則不如此。因為在第一語句中，那脈絡顯示，那些被運用的標準（被指涉的原則）是為了要毒害人們的標準；而在第二語句，我們是假定那些被指涉的原則是道德的原則。但在每一情況，「應該」一詞語的作用都不是別的，而是指涉這些原則，和通過與它們的關係，實現上面所提出的其他作用。在「放毒者」的情況，知道那些被指涉的原則即是那些為了毒害他人的原則，即是知道有關它們是甚麼的一些事情——但不是每一方面的事情：它們最低限度必須責令做這些事情，會引致死於中毒的結果。由於「放毒者」是在上面（6.4）所界定的意義下的一個作用的詞語，因而知道比較的類別，即是知道有關那些優點的一些東西；在另一方面，第二語句則不是這種情況。但這並不構成在「應該」一詞語的兩種意義間的區別；這是兩組原則之間的區別。我們要由脈絡知道哪一組原則是被指涉的；因為「應該」並不像「好的」那樣是一個形容詞，我們沒有一個連起來的名詞（如在所引語句中的「放毒者」或「人」）來告訴我們這點。因此，在假定第二語句是一道德判斷方面，我們可能誤解了；這可能只是一表示審慎或明智的語

句。即使是「他是一個好的人」一判斷，也可能不是一道德判斷；因為「人」可能是「在一次打鬥中站在我一邊的人」或「在某一集會中的人」或「先擊球的人」的省稱。我們猜想哪一個標準或一組原則是被援引的，並不是同時猜想「好的」和「應該」是甚麼意思（除了次一種意義之外）；我們對它們的意思知道得很清楚。

所有這些並不表示道德原則與成功的毒害他人的行為的原則沒有重要的區別。我們已見到（9.2），我們不能脫離人的身分；道德原則是人作為人——不是作為毒害者或建築師或擊球手——的行為的原則，它們不能夠對我們的行為方式沒有潛在的關連而被接受過來。倘若我對某人說「你應該說真話」，我是表示在與他相同的處境接受說真話的原則的；我可能發現自己不可避免地被置於相似的情境中。但我卻時常能夠決定是否選擇毒害他人或玩板球作為一種職業。這便必然導致這種想法，以道德問題大異於考慮應該如何毒害鍾斯，或替他建造一間房子的問題；但「應該」一詞語的邏輯，在這兩種情況中，並沒有顯著的區別。

無疑的是，在上面第二語句中，我們可以用「你的責任是」來代替「你應該」，但在第一語句則不能這樣做。因為「責任」一詞語就比較的類方面被限定了，在這些比較的類中，它是用來作稱讚用的。它幾乎被限定用於道德責任、法律責任、軍事責任和其他屬於某一個別基地的責任方面。〔以下不譯〕

一一、「應該」與祈使語句

提要與評論

　　這一章討論與分析「應該」一詞語的用法，基本上與上面處理「好的」者相同。作者的意思是，「應該」語句當被估值地運用時，便涵蘊祈使語句，以至於引導或引生行為。它的意義，估值的較陳述的為基要。關於這個意思，作者試圖以定義的方式來證成。即是，當我們估值地說「應該」語句時，我們是認為它涵有祈使意思和同意這意思，因而願意順從它來做的。即是說，我們不應說「應該」語句是估值地被運用，除非我們認為「應該」語句涵蘊著祈使語句和同意祈使語句。

　　倘若是這樣，「應該」便表示一種義務，因而顯示一價值判斷。價值判斷必須與行為有一致性。作者指出，「我應該做 X 事」自是一價值判斷，但要試驗一個人是否運用「我應該做 X 事」一判斷作為一價值判斷，可問他是否認識到倘若他同意那判斷，他也必須同意「讓我做 X 事」一命令式，因而真的去做。

　　作者的意思很明顯：估值地被運用的價值判斷，例如「應該」語句，必然涵蘊祈使語句。他顯然也有這個意思：真正的或正式的價值判斷必須是估值的。他提到有些人認為有些例子，表示價值判斷不涵蘊祈使語句。作者以為，這些例子很多時不是正

式的價值判斷。像「我應該做 X 事」一「價值判斷」，很多時是以下三種判斷的混合產物，或有這三種可能意思：

　　一、為了應合一個人們一般接受的標準，X 事是要做的。

　　二、我有一種我應該做 X 事的感覺。

　　三、我估值地應該做 X 事。

作者以為，只有第三種才是真正的價值判斷。第一種是一個對於社會學的事實的述句，第二種是一個對於心理學的事實的述句。關於第二種與第三種的區別，作者以為，說「我有一種我應該做 X 事的感覺」，是表示一種義務的感覺，這並不等於說有一種義務。說第二判斷只是作出一個有關心理學的事實的述句，說第三判斷才是作出一個價值判斷。作者以為，人們以為估值的價值判斷不必涵蘊祈使語句，顯然是把第一、二判斷與第三判斷混同起來。

　　在這裏，我們應特別注意作者對第二判斷與第三判斷的分別。他顯然要把義務的感覺與義務區別開來；由於義務是道德義的，因而作者實有把道德的感覺與道德判斷區分開來之意。這種理解，很不同於康德的與儒家的。依儒者，道德的感情與道德判斷都依於道德理性或道德的良知，它們沒有兩個根源。作者的經驗主義的立場，是不容許他這樣說的。因此，當他談到義務的感覺（sense of obligation）時，他這樣說：

　　　　倘若我們是在順從某一原則的背景下被撫養成長，則對這
　　　　原則的背逆的想法，對我們來說是何等的不可忍受！倘若
　　　　我們不能順從它，我們會覺得痛悔；當我們順從它，我們
　　　　自己便感覺輕快了。心理學家所列舉出來的所有那些因

　　素，會增強這些感覺；這總的結果即是一般所說的義務的
　　感覺。

這樣來看義務的感覺，基本上是社會學的和心理學的，因而是慣
習的和經驗的。此中並無理性的自覺可言。這與孟子的禮義悅我
心的說法，大異其趣。後者以道德的感覺或感情發自道德理性或
良知。我們的行為若與這種道德理性道德良知相符應，自然感到
悅樂，這便是道德的感覺。這些禮義都是道德的義務的表現，是
自覺的、反省的，不是順慣習與經驗而行的。

　　不過，作者還是很強調第三種判斷，認為它不能作自然主義
的分析，還原成一組直陳語句。因為這個判斷就定義來說，最低
限度涵蘊一個祈使語句。這點非常重要。「好的」、「應該」與
「正當的」等價值詞語，都基於這點成就它們的特別的作用：稱
讚作用或其他的引導選擇或行為作用。這種作用無論如何是不能
由直陳的語句擔負的。

　　對於這點，我們可以作進一步觀察與反省。作者重申以定義
來決定道德判斷涵蘊祈使語句，即是，一個道德判斷要引導選擇
或行為，必須要這樣：倘若估值地同意道德判斷，則必須也同意
由這道德判斷導出的一些祈使語句。我們即在這個意義下，說道
德判斷必涵蘊祈使語句。依作者，說一個判斷涵蘊另一判斷，即
表示不可能一方面同意第一者，另一方面不同意第二者，除非誤
解了其中一個。這「不可能」是邏輯的不可能。同意即導致具體
行為的產生。故說道德判斷涵蘊祈使語句，和說道德判斷引生行
為，是一樣的。由前者到後者，應是一分析的歷程。

　　這個意思，使人想起王陽明的知行合一的說法。雖然赫爾是

經驗主義立場，不立道德理性或道德良知，在這方面與陽明大異其趣。但他的「道德判斷必涵蘊祈使語句，由此而引發行為」的意趣，與知行合一在模式方面，卻是極為相似。知行合一的知，是道德理性或道德良知的價值自覺，它的意義不是認知的直陳的，而是估值的規範的。這表示意志的取向，自然能夠決定行為，引發行為。故知行合一是一分析命題。這與「道德判斷必涵蘊祈使語句，由此而引生行為」之為分析的，極相吻合。

這個意思非常重要。事實上，作者在這一章的開始，已強調整本書的基本任務，在證立這個意思，即是，價值判斷倘若能引導行為，則必涵蘊祈使語句。

如本書的開首所示，規範的語句分價值判斷與祈使語句兩種，前者分道德的與非道德的，後者分全稱的與單稱的。不過，道德的價值判斷與全稱的祈使語句有時很容易使人混淆，分不清楚。作者即就「應該」一詞語的用法，討論兩者的同異，以結束這一章。他指出，一個道德判斷，如「你不應該（在這個車廂內）吸煙」，與一個全稱的祈使語句，如「不准吸煙」，其本質的差異，在於普遍性的有無。「你不應該在這個車廂內吸煙」適用於所有條件相似的車廂中，故指涉到一個普遍的原則。「不准吸煙」則是「永不要在這個車廂內吸煙」的另一種表示式，它不指涉任何普遍的原則，只關連到現實上的需要而已。

本　文

11.1　由於我的論證大部分都倚靠於那個迄今為止尚未充分地辯護的假定：價值判斷倘若能引導行為的話，則必涵蘊祈使語句，又由於這假定會被人質疑，故我們現在要考查它。譬如說，有人可能認為，我可以沒有矛盾地說「你應該做 A 事，但不要做它」，因此便不會有涵蘊關係的問題。在任何情況，涵蘊關係都是非常強的詞語，雖然很多人都可能同意價值判斷在某些意義來說是會引導行為的，但亦可持這樣的看法，它們只在某種意義下會引導行為，在這種意義下，即使是平常的有關事實的判斷也會引導行為哩。例如，倘若我說「火車要出發了」，這可能會引導一個要搭那火車的人找位子坐下。或者我們可以舉一個道德的例子，倘若我對一個正在考慮是否給一些錢予一個據說在困苦中的朋友說，「他剛才告訴你的事是假的」，這可能引導他作出一個與他本來要作的不同的道德的決定。同樣地，有人可能認為，價值判斷雖會引導行為，但其意味並不比這些有關事實的述句為強。有人可能強調，倘若一個人無意去做他所應該做的，則告訴他應該做某事，可能不會被他接受為要做某事的理由；正如「火車要出發了」一述句無影響於一些不想搭那火車的人那樣，又正如倘若那個正在考慮是否給錢予他的朋友的人並不認為他的朋友的故事的真或假有甚麼大關係，則亦不會影響他的決定那樣。我已盡量有力地表達這個反對意見了，它要從根本上來打擊我的整個論證。簡單地說，這反對意見宣稱，「應該」語句不是祈使語句；倘若不加上一個祈使的前提，它們也不會涵蘊祈使語句。在

回答這點上，我必須顯示，「應該」語句最低限度在它們的一些運用中真的涵蘊祈使語句。

首先我們必須重溫我稍早（7.5）討論價值判斷的估值的和陳述的力量時所談到的一些東西。我們指出，具有非常穩定的價值標準的人，可以逐漸視價值判斷為純然是陳述的，而減低它們的估值的力量。我們說到，當價值判斷「陷於引號中」，和那標準變得完全地「僵化」時，這程序便臻於極限了。因此我們可以說「你應該去探訪某些人」，而完全沒有價值判斷的意思，這只是陳述的判斷，表示為了應合一個標準而需要一行動，這標準是人們一般地接受的，或是某種雖未標明但卻為人所知的人接受的。無疑地，倘若這便是「應該」語句被應用的方式，則「應該」語句確是不會涵蘊祈使語句。我們確是可以說「你應該去探訪某些人，但不要去呀」，而沒有矛盾。我並不想堅持所有「應該」語句都涵蘊祈使語句，我只堅持當它們是被估值地運用時，便會涵蘊祈使語句。最後我們會看到，我是通過定義來使這點成為真的；因為除非我們持「應該」語句涵蘊著祈使語句的看法，我們實不應說「應該」語句是估值地被運用著。稍遲我們會在這點上多作討論。

因此，我們可以對那反對意見提出一個答案：用來支持它的那些例子，並不是真正的價值判斷。在上面引的例子中，倘若一個人無意做他所應該做的事，因此，倘若告訴他他所應該做的事，並不被他視為會涵蘊一祈使語句，這只顯示出，就他接受他應該做某些事來說（當然沒有前提能使一個結論被導出，除非它被接受），他只是在一種非估值的、引號的意味下接受它，表示某事是屬於某類行為，這類行為是在估值的意義下、能涵蘊祈使

語句的意義下被一般地（但不是被他）視為具強制性的。這個答案可除去一些古怪的事例，但它將不會被接受為一完整的答案，除非我們大幅度地擴展它的範圍。因為有人可能認為有些真正的價值判斷，不會涵蘊祈使語句。

11.2 讓我們重溫我稍早時（4.7）所說的一些東西。實踐的原則倘若被接受得夠久了，而又沒有人提出問題的話，便會具有一種直覺的力量。我們的究極的道德原則是這樣全面地為我們所接受，因而我們不再視之為全稱的祈使語句了，而視為事實方面的事；它們具有同樣的頑強的不可疑性。此中實在有一種事實的因素，我們很容易以之指涉到所謂我們的「義務的感覺」（sense of obligation）。我們現在要研究這個概念。

很容易見到的是，倘若我們是在順從某一原則的背景下被撫養成長，則對這原則的背逆的想法，對我們來說是何等的不可忍受！倘若我們不能順從它，我們會覺得痛悔；當我們順從它，我們自己便感覺輕快了。心理學家所列舉出來的所有那些因素，會增強這些感覺；[1]這總的結果即是一般所說的義務的感覺。我們具有這種義務的感覺，是一種事實──不同的人有不同的程度，和有不同的內容。對於我具有一種要做 X 事或 Y 事的義務的感覺的那些判斷，是關於經驗事實的述句。這裏我們不必爭論有關對它們的解釋的問題。當然我們可以爭論像「甲在感受著痛悔」或「乙感到做 Y 事是他的責任」一類語句是有關私人的心理上

---

[1]　參考佛路高（J. C. Flugel）的《人、道德與社會》（*Man, Morals and Society*），特別是第三章。

的現象的報告，抑是要解釋到行為方面去；但這樣的爭論與我們這裏並無關連。這裏要做的重要的事，是指出一個事實，那是一些道德家所單獨忽視的：說某人有一種義務的感覺，並不同於說他有一種義務。說前者即是作出一個有關心理學的事實的述句；說後者即是作出一個價值判斷。一個在軍人家庭長大但又為和平主義所影響的人可能說：「我有一種強烈的感覺：我應該為我的國家而戰，但我懷疑我是否真正應該這樣做。」同樣地，一個在武士道氣氛下成長的日本人會說：「我有一種強烈的感覺：我應該折磨這個囚犯，俾能套取對我的天皇有利的情報；但我真正應該這樣做麼？」

在關於義務的感覺的心理學的述句與關於義務本身的價值判斷之間的混亂情況，並不限於專業的哲學家。普通的人很少過問那些他依之而被撫養成長的原則，因而每當他有一種他應該做 X 事的感覺時，他通常是願意只基於這點而說他應該做 X 事；因此他時常說「我應該做 X 事」，來表露這個感覺。這語句並不是一有關他具有那種感覺的語句；這是一價值判斷，作為具有那感覺的結果而被作出來。不過，對於那些沒有研究過價值判斷的邏輯的表現，或沒有對那些像那和平主義者和日本人所給出的例子作過反省的人來說，便會容易視這說法是一有關事實的述句，大意是他具有那感覺，或把它與這述句在意義上混淆起來。但除了盡量堅持一個道德的感覺理論的專業的哲學家外，任何人都可以通過被問及這樣的問題，而看到那意義並不是一樣的：「你感覺到如此〔應做 X 事〕，這不是可能嗎？雖然你實在不應該做 X 事。」或「你這樣感覺但又錯了，這不是可能嗎？」

但那混淆更較此為深重哩。我們已經看到，有一個對價值詞

語的有意識的引號的運用。在其中例如「我應該做 X 事」變成粗略地相等於「為了應合一個人們一般接受的標準，X 事是要做的」。但我們亦可能無意識地以引號來運用「應該」和其他價值詞語；因為那個人們一般地接受的標準可能也是那個一個人被教養成自己要接受的標準，因此一個人不止通過說「我應該做 X 事」來指涉這個標準，而且具有義務的感覺，要應合這標準。

　　因此我們可以視「我應該做 X 事」為一個三種判斷的混亂的混合物。

　　　　(一)「為了應合一個人們一般接受的標準，X 事是要做的」（對於社會學的事實的述句）；

　　　　(二)「我有一種我應該做 X 事的感覺」（對於心理學的事實的述句）；

　　　　(三)「我應該做 X 事」（價值判斷）。

即使是這三個分支也隱藏著這樣的語句的意義的複雜性；因為那三個要素的任一者自身都是複雜的，都可以不同的意思來理解。而即使我們把自己限於這三者，一個未受過邏輯訓練的普通的人通常亦難以提出或答覆這問題：「在這三個判斷中，你所說的是哪一個呢？是第(一)判斷，或第(二)判斷和第(三)判斷，或三者合起來，或其他的結合呢？」這情況與科學家的非常相似；他被一個邏輯家問道：「你說磷在攝氏四十四度熔解一述句是分析的抑是綜合的？倘若你找到一種物質，在其他方面都像磷，但卻在另一溫度下熔解，你會說『它實在不是磷』或說『不管怎樣，有些磷在其他溫度下熔解』麼？」[2]如佛路（A. G. N. Flew）先生

2　參考維里特（G. H. von Wright）的《歸納法的邏輯的問題》（*Logical*

對我所指出者，那科學家可能回答說：「我不知道呀；我仍未遇到過要我決定這個問題的情況哩；我不如關心別的事吧。」同樣，一般的人都是以他所接受的原則為基礎而作出道德的決定，很少需要問自己那個我們剛提出的問題。只要他的價值判斷與那些被接受的標準和他自己的感覺相應，他便不用決定他說的是哪一種，因為對他來說，三者在資料方面都是相等的。即是說，並沒有這樣的情境，在其中他說某一種而同時不能說其他兩種。因此他不會問自己「在我運用『應該』一詞語時，『我應該做我感覺我應該做的事』和『我應該做每一個人會說我應該做的事』這些語句是分析的抑是綜合的？」使他回答這樣一個問題的，是那個關鍵點；而在道德方面，當我們在猶豫著是否要作出一個與被接受的標準或我們自己的道德的感覺不符順的價值決定時，那關鍵點便來了。便是這些點真正披露出在我所列出的三個判斷之間的在意義上的區別。

　　因此我對那個反對意見的答覆是，那些被認為是價值判斷而不涵蘊祈使語句的例子，經過研究後，很多時被發現它們的意思並不是第(三)類型的，而是第(一)類型或第(二)類型，或是兩者的混合。這辯論當然是不可證實的，也不能夠使人取信，除非我們知道在甚麼情況我們可以把一判斷當作是第(三)類型；我提議以那唯一可行的方法來解決這個困難：將之弄成是一個定義的問題。我提議，要試驗一個人是否運用「我應該做 X 事」一判斷作為一價值判斷，可問「他是認識到或不認識到倘若他同意那判斷，他也必須同意『讓我做 X 事』一命令式呢？」我並不是說

Problem of Induction, ch. iii）。

要在實質方面對我們運用語言的方式證明甚麼；我只是在提出一個詞彙系統，這在應用於研究道德的語言方面，我相信會有啟發性。我要表示的主要部分是，就剛才所定義的「價值判斷」的意思，我們確有作出價值判斷，且它們是包含有價值詞語的那一類語句，這些價值詞語使研究道德的語言的邏輯家感到基始的興趣。〔以下不譯〕

11.3 要建立「應該」的估值意味的基始的邏輯的興趣的最好的方式，是要顯示出，由於有這意味存在著，因而由那詞語所產生出來的熟悉的困難問題便不會出現。在上面所列舉的「我應該做 X 事」的三種可能的解釋中，頭兩種是有關事實的述句。這是因為，倘若要把它們擴展起來，便會發現在其中的「應該」一詞語時常以引號姿態出現，或在一附屬句子中出現。第(一)個判斷可以繼續解釋為「有一個人們一般接受的行為的原則：『一個人在某種情境下應該做 X 事』。我現在正處於那種情境」。同樣地，第(二)個判斷可以繼續解釋為「『我應該做 X 事』一判斷在我內裏引起一種堅強信念的感覺」，或「我發覺自己無法懷疑『我應該做 X 事』一判斷」（後一解釋過於強烈，並不是所有感覺都是不能抑制的；但此中實有一種無限的級別，由內心的模糊的不安的擾動到時常稱為「道德的直覺」的狀態）。當第(一)判斷與第(二)判斷被擴展開來，則它們所解釋的那個原來的判斷會以引號在它們之中出現；這事實顯示出，在那原來的判斷中必定有一些意思是第(一)判斷與第(二)判斷所不能窮盡表達的；倘若不是這樣，則在引號中的語句便要返過來為第(一)判斷與第(二)判斷所解釋了，這樣我們便會陷於無窮後退的處境。在

第(一)判斷的情況，我不知道有任何方式能解決這個困難；在第(二)判斷的情況，這個困難可以以「我有某種可認明的感覺」一類解釋來代替第(二)判斷，而得暫時解決。但這種做法只是暫時性的；因為倘若我們被問及這感覺是甚麼，答案只能是「這是一種稱為『義務的感覺』的感覺；當你說出和表示『我應該做某事』的意思時，你通常會有這種感覺了」。

這表示第(一)與第(二)判斷都沒有「我應該做 X 事」的基始的意義。現在讓我們假定第(三)判斷全然不會生起我們在敘述的那些邏輯的困惑點；即是說，讓我們假定第(三)判斷可以自然主義地被分析。倘若是這樣，則這些困惑點亦不會在第(一)與第(二)判斷的情況中發生；因為除了引號的表述式外，在第(一)與第(二)判斷的擴展式中並沒有任何其他東西是不能自然主義地被分析的，因而可以引起對「應該」和「好的」的一切應用的全面地自然主義的分析（12.3）。事實上這是不可能的，這完全是由於第(三)判斷的難處理的估值的性格。這最後是由於由直陳語句導出祈使語句的不可能性，那是在較早時（2.5）敘述過的。因為第(三)判斷就定義來說，最低限度涵蘊一個祈使語句；但倘若這第(三)判斷是自然主義地可分析的話，這表示它等同於一系列的直陳語句；這會與既建立的原則抵觸。因此，便是這個事實——「應該」在它的一些應用中是被估值地應用（即是，最低限度涵蘊一個祈使語句）——使自然主義的分析為不可能，因而生起所有我們一直在研究的困難。一個邏輯家倘若忽視了這些用法，他的工作便會很容易處理，但卻錯失了道德的語言的本質的用意。

總而言之，便是這點使這本書的第一部分與餘下所討論的東

西關連起來。所有在第二與第三部分被討論的詞語，都以這點作為它們的特別的作用：稱讚作用或其他的引導選擇或行為的作用；亦是由於這點本質的特性，〔使那些詞語〕拒斥任何以純然是事實的詞彙來對它們作分析的做法。但一個道德判斷要引導選擇或行為，必須要這樣：倘若一個人同意這道德判斷，他必須也同意由這道德判斷導出的一些祈使語句；換言之，倘若一個人不同意這些祈使語句，這便明顯地顯出他未有以一種估值的意義來同意那道德判斷——當然他可能以一些其他意義（例如我曾敘述過的其中一種）來同意它。這就我對估值的一詞語的定義來說，是正確的。但這等於說，倘若他承認同意那道德判斷，卻不同意那祈使語句，他必是誤解了那道德判斷（視之為非估值的，雖然說者意指它是估值的）。因此我們可以肯定地說，道德判斷涵蘊祈使語句。因為說一個判斷涵蘊另一判斷，即是說，你不能同意第一者而不同意第二者，除非你誤解了其中的一個。而這「不能」是一個邏輯的「不能」——倘若有人同意第一者而不同意第二者，此中自身便有一個充足的標準說他誤解了其中的一個的意義。因此說道德判斷引導行為，和說道德判斷涵蘊祈使語句，意思是一樣的。

我絕不想否認道德判斷有時是非估值地被運用。我所要聲稱的是，它們有時估值地被運用，便是這種運用使它們具有我要大家留意的特點。我要指出，倘若沒有這運用，便不可能使其他運用具有意義。我更要聲稱，倘若不是由於關連到那估值的運用方面的邏輯的困難，則其他運用便可自然主義地被分析了。作為邏輯的一個特別分支的倫理學，其存在即基於道德判斷的作用；這道德判斷是被視為答覆「我應做甚麼」這種問題形式的導引的。

11.4 現在我要回答一個可能在一些讀者方面出現的反對意見。倫理學的作家時常非難「自然主義」或其他作家的一些有關謬誤，但自己卻以一種更微妙的形式犯上哩。我自己可能也犯過。稍早（5.3）我曾提出「自然主義的」一詞語應該留給那些易為人駁斥的倫理學理論，像摩爾教授所指出的。因此我們必須問一問，對於我自己的理論，是否可以提出類似的駁斥。無疑地，我不是在提議道德判斷可以由任何事實的述句演繹出來。特別是，我並不是在提議要採納那些摩爾曾錯誤地歸之於康德的對價值詞語的定義方式。摩爾攻擊康德曾說「這事應該出現」即是「這事是被命令的」。³這種定義方式是自然主義的；因為「A事是被命令的」是一事實的述句；它可擴展成「有人〔沒有說是誰〕曾說『做 A 事』」。那祈使語句是在引號中這一事實，使它不能影響整個語句的語態。不用說，我並不是在提議這樣的等同關係，不管是就「好的」或「應該」或任何其他價值詞語來說；但當它們被用於我所謂「引號的意味」，或被用於一些純然是陳述的方式，卻可能是例外。不過，可以這樣說，根據我對道德判斷的處理方式，某些語句會變成分析的，它們在日常的用法中則不是分析的，這與摩爾的駁斥非常相似。例如我們可以看看大衛王的語句：

> 遠離罪惡，做好事吧。⁴

3　《倫理學原理》（*Principia Ethica*, pp. 127-8）。

4　Ps. xxxiv, v. 14.

或看看韋詩里（John Wesley）的讚美詩句：

> 繼續在責任之途上走吧。[5]

就我的理論來說，這些語句都是分析的；因為由「Ａ 事是罪惡的」可推出「遠離 Ａ 事」一祈使語句，由「Ｐ 途是責任之途」可推出「繼續在 Ｐ 途上走」一祈使語句。

　　現在必須指出，像上面所引的那樣的語句可以擴展成這樣的語句，其中有一價值判斷出現於一附屬子句中。倘若我們不寫不再通用的「遠離罪惡」，而寫「不要做罪惡的事」，這可擴展成「對於所有 Ｘ 事來說，倘若 Ｘ 事是罪惡的，則不要做 Ｘ 事」。若要這個指示能夠應用，便必須要把它與「Ａ 事是罪惡的」一小前提連合起來，因而由這兩前提我們可以得出「不要做 Ａ 事」一結論。若要這個推理有幫助，則必須要「Ａ 事是罪惡的」一小前提是一事實的述句；此中必須要有一個標準，俾能不含糊地確定這述句是真抑是假。這表示在這個前提中，「罪惡的」一詞語必須要有一個陳述的意義（不管它再有甚麼其他意義）。但倘若那個推理是有效的話，則在大前提的「罪惡的」一詞語必須具有在小前提中的那個相同的意義；因而它在大前提中也必須具有一種陳述的意義。現在便是這種陳述的內容使大前提不能是分析的。我們正在討論的那類型語句通常是為具有穩定的價值標準的人所應用，因此他們的價值詞語含有大量陳述的意義的成分。在

5　《讚美詩：古代的和現代的》（*Hymns Ancient and Modern*, 1950, no. 310）。

「不要做罪惡的事」一語句中,「罪惡的」的估值的內容暫時被忽略掉;說者暫時讓他對標準的支持滑脫,只是為了只想把它擠回祈使動詞的位置。在維持我們的標準方面,這是一種第一等的做法,這便是它能在讚美詩中有一適當位置的原因。但它只能為那些確知那標準是甚麼的人所使用。

我們試把這些事例與其他表面相似的作一對比。假定有人問我「我應做甚麼呢?」而我答「做總之是最好的事」,或「做你應該做的事」。在多數脈絡中,這樣的答覆會被視為無幫助的。這好像有人問一個警察「我應在甚麼地方泊我的汽車呢?」他答「泊在總之是合法的地方」。說者是要我就他應做甚麼一點給出確定的建議;他問我,正因為他不知道在他的情況要應用甚麼標準。因此,倘若我告訴他要應合一些朦朧的標準,我即未有給予他任何有用的建議。因此在這樣的脈絡中,「做總之是最好的事」實際上是分析的;因為那個標準是被假定為不被知的,「最好」並無陳述的意思。

因此,我對價值詞語的意義的說明,不是自然主義的;它並不把我們的日常運用中不是分析的語句變成分析的。它卻是通過公平處理在價值詞語的意義中的陳述的和估值的要素,顯示出它們如何在我們日常運用中表現其功能。〔此下不譯〕

11.5 這裏可能有人會問:「你不會把道德判斷過分同化到存在於多數語言中的日常的全稱祈使語句方面去麼?」對於所有對道德判斷的祈使的分析,確有這樣的反對意見:這種分析使一個像「你不應該(在這個車廂內)吸煙」的道德判斷等同於「不准吸煙」一全稱祈使語句。顯然它們不是等同的,雖然,根據我

所持的理論，兩者都涵蘊「不要吸煙」。因此我們必須闡明「你不應該吸煙」與「不准吸煙」的相異處。我曾經關注過這個問題，但這裏要作進一步的討論。

關於「不准吸煙」第一點要說明的是，它並不是一個真正的全稱語句，因為它隱約地指涉到一個個別的東西；它是「永不要在這個車廂內吸煙」的省略。「你不應該在這個車廂內吸煙」一道德判斷亦包含對個別東西的指涉；因為其中有「你」和「這個」兩代名詞。但是，若參照我在上面（10.3）所說的，問題並不止於此。「你不應該在這個車廂內吸煙」一道德判斷要與某些一般性的道德原則連在一起而被作出，它的用意必須是上訴到那個一般性原則，或指點一個它的應用的事例。這個原則可能是「一個人永遠不應該在有幼孩的車廂內吸煙」或「一個人永遠不應該在有『不准吸煙』的告示的車廂內吸煙」。這個原則是甚麼，並不時常是容易知道的，但問這原則是甚麼，則時常是有意義的。說者是不能否認有這樣的原則的。同樣的意思可以這樣說：倘若我們作出一個個別的道德判斷，我們可以時常被人要求以理由來支持它，這理由即在於那一般性原則，這道德判斷是被認為隸屬於這一般性原則之下的。因此，「你不應該在這個車廂內吸煙」這一個別的道德判斷是依於一個真正的全稱語句的，即使它自身不是一全稱語句。但「永不要在這個車廂內吸煙」一祈使語句則不是如此。這並不訴諸一般性原則；它自身所具的一般性的程度，如它所要求的程度那樣；而這一般性並不足以使它成為一真正的全稱語句。

在「永不要在這個車廂內吸煙」與「你不應該在這個車廂內吸煙」之間的普遍性的區別可以以下的方式表示出來。假定我對

某人說「你不應該在這個車廂內吸煙」，而又有些孩童在車廂內。那個聽者若對我說他不應該吸煙感到奇怪，便會周圍看一下，知道有孩童在，便明白那個原因。但倘若他確定了車廂中所有需確定的東西，然後說：「好吧，我到隔鄰去；那是另外一個車廂，一樣好的；實際上，它完全和這個一樣，也有孩童。」倘若他這樣說，我便會以為他並不明白「應該」一詞語的作用；因為「應該」時常指涉到一些一般性的原則；倘若隔鄰的車廂和這個完全是一樣的話，則能應用於這個車廂的所有原則，必須也能應用於那個車廂（8.2）。因此我可能回答：「但想想看，倘若你是不應該在這個車廂內吸煙，而另一車廂又正和這個一樣，有相類似的乘客，在窗上有相同的告示，等等，則顯然你亦不應該在那個車廂內吸煙。」在另一方面，當火車的管理當局要作出一個重要的決定，看看要在哪一些車廂中貼上「不准吸煙」的告示時，沒有人會說：「看呀，你已經在這個車廂貼了告示，那你必須在隔鄰的車廂也貼告示，因為它們是完全一樣哩。」這是由於，「不准吸煙」並不指涉一個普遍的原則——這個車廂是其中的一個例子。

　　實際上，我們是幾乎不可能營構一個具有祈使語態的真正的全稱語句的。假定我們要通過把「永不要在這個車廂內吸煙」一語句一般化，而嘗試營構這樣的全稱語句。首先我們寫上「沒有人能夠在這個車廂內吸煙」，來把〔在原句中的〕隱含「你」消去。然後我們要消去「這個」。我們可以寫「沒有人能夠在任何英國鐵路局的車廂內吸煙」。但現在還有那個專有名稱「英國鐵路局」哩。我們必須排去所有的專有名稱，才能得到真正的全稱語句，例如可寫「沒有人能夠在任何處的任何火車車廂內吸

煙」。這是一個真正的全稱語句；但實在沒有人有機會說這樣的語句。人們時常對某人或某組人使用命令式。但上面所引的句子是甚麼意思，並不很清楚，除非它是一道德的訓諭或其他價值判斷。假定我們設想上帝發出這樣一個命令式。它馬上變成在形式上像十誡的那種。從歷史一面來說，「榮耀你的父親和你的母親」是被假定說過的，但這並不是對一般的每一個人說的，而只是對被揀選的人說的，如同「不要以罪惡易罪惡來對待別人」是說給耶穌的信徒聽的，而不是說給整個世界聽的──雖然祂希望所有的人都變成祂的信徒──那樣。但假定不是這樣，假定「不要以罪惡易罪惡來對待別人」本來是說給每一個人聽的。我們不是應該說它已變成在意義上等同於「一個人應該不要以罪惡易罪惡來對待別人」一價值判斷麼？〔以下不譯〕

在另一方面，像「不准吸煙」的日常的所謂全稱祈使語句與價值判斷的區別在於，它們不是真正的全稱語句。因此我們可以把這兩種語句區分開來，而絕不用放棄我們對價值判斷與祈使語句的關係的說法。因為完整的與不完整的全稱語句都涵蘊單稱語句：「永不要在這個車廂內吸煙」涵蘊「（現在）不要在這個車廂內吸煙」；而「你不應該在這個車廂內吸煙」也涵蘊同樣的語句，倘若它是估值地被應用的話。但後者同時也涵蘊「沒有人應該在任何與這個車廂相同的車廂內吸煙」，而前者則不能；而這被涵蘊出來的語句，也涵蘊「不要在任何與這個車廂相同的車廂內吸煙」。

不過，若只是這些考察，仍不足以解釋「你不應該」和「永不要」在「感覺」方面的完全的區別。這可以兩個其他因素來加強。第一個我們已提及過了；道德判斷的完全的普遍性表示我們

不得「不承認它」；因此，對於它的接受性，比對起對於一個我
們可以從其應用的範圍中脫卻開來的祈使語句的接受性，是遠較
為嚴重的一回事。這可解釋到何以那些譬如是國家的法律的祈使
語句——其效用範圍非常普泛，因而很難避免——所具有的「感
覺」，與鐵路管理當局的規則比較起來，大幅度地更為接近道德
判斷。但另外一個更為重要的因素是，部分由於其完全的普遍
性，道德原則在我們腦海中是這樣鞏固——那種方式我們已敘述
過了，致它們已獲得一個半事實的性格，有時實在已非估值地作
為事實的述句而被應用了，如我們所見到那樣。但像「不准吸
煙」的祈使語句，卻全不是這樣；這自身便很可以解釋那兩種語
句在「感覺」上的區別了。不過，由於我並不想否認道德判斷有
非估值的用法，只想聲稱有估值的用法，因此這種在「感覺」上
的區別並不會破壞我的論證。把「不准吸煙」假裝為在所有方面
都像「你不應該吸煙」，實在是荒謬的；我只堅持其中只有一點
相似，即是，兩者都涵蘊單稱的祈使語句，如「（現在）不要吸
煙」。

一二、一個分析的模式

提要與評論

在這最後一章中，作者討論一個很新鮮的問題，要展露出價值詞語和祈使語態之間的關係，看看它們之間的區別和相似點。其方法是設想我們的語言不包含任何價值詞語，一切價值的意味，要由祈使語態和日常的邏輯的詞語來表示。為了進行這個任務，我們勢必要營造一套新的詞彙，以填補由沒有價值詞語遺留下來的空隙。作者認為，我們要注意在以一種語言擔負另一種語言的工作之前，我們要對這種語言作一些甚麼樣的調整，和調整後的語言能代替另一種語言到甚麼程度。

這個任務的進行，作者提出以下三點：

一、顯示出含有「應該」的語句能代替含有「正當的」和「好的」的語句，因而可以「應該」來概括其他二者，以使問題簡化。

二、展示如何調整祈使語態，俾能營構出真正的全稱語句，以達成原來的用意。因為價值的語句是全稱的。

三、通過被調整的祈使語態，以定義人為的「應該」的概念。我們的目標是使這概念成為人為的價值詞語的最簡單和最基本的概念。（以「。」號來表示人為之意）

　　這種做法有些遊戲性質，不過，作者的態度是嚴謹的，他並不以語言遊戲視之。反之，他認為這不是容易做的，特別是，在祈使語態中要營構真正的全稱語句，有難以克服的困難。

　　作者先處理第一點，以日常的「應該」來定義人為的「正當的」，看前者如何取代日常語言的「正當的」。他提幾個例子：

　　　「做 A 事是不正當的」可寫成「一個人不應該做 A
　　　事」；「某甲做了 A 事是正當的」可寫成「某甲做了 A
　　　事，他做了他應該做的」；「那個正當的 A」（the right
　　　A）可寫成「那個應該被選出來的A」。

現在看「好的」的問題。作者提出以下的例子：

　　　A 是好於 B 的 X。

其意思其實是，或可寫成：

　　　倘若一個人在選擇一個 X，則倘若他選擇 B，他毋寧應該
　　　選擇 A。

作者強調，對於人為的「好的」的定義，要比「正當的」複雜得多。因「好的」有比較級，如「好於」。不過，關於比較級如「好於」的用法，其脈絡還是清楚的。假定一個老師在有關「倫理學」的幾個課程方面對學生說：「甲的講課好於乙的」，由此提供他選課的一些意見。老師只能在一種情況下責備學生不接納自己的建議：他聽乙的講課而不聽甲的講課。

　　在道德的用法方面，作者提到，「正當的」和「好的」雖然都可以「應該」來代替，但兩者有一重要的區別：說某一項行為是正當的並不即是說它是一項好的行為。因為，好的行為必須出自好的動機，而正當的行為只要應合某一原則便夠了，不必理會動機如何。在這方面牽涉一個值得注意之點。作者提到「好的動

機」作為「好的行為」的基礎。這「好的動機」是甚麼意思呢？就我們的傳統來說，它不能不是與我們的良知相應的心念，即是說，它應發自我們的道德的良知，或是後者的表現。不過，在說到道德的良知或道德理性方面，作者總是遲疑，不明確地表態。這顯然是他的經驗主義的立場所致。

　　跟著作者討論第二點任務。他企圖以非價值意義的人為的「應該」，來代替價值意義的自然的「應該」。後者是要以一種經調整和充實的祈使語態來定義的。作者因此提出兩個步驟來做：

一、由祈使語態營構出真正的全稱祈使語句。

二、以這些真正的全稱祈使語句來定義「應該」，使能表現「應該」的各方面功能。

不過，作者指出，真正的全稱語句是不能在祈使語態中被營構的。此中理由有二：

一、一般來說，祈使語態只限於未來式，這是它的限制；但真正的全稱語句則要用到所有時式：過去的、現在的、未來的。在這方面沒有限制。

二、祈使語態多數是第二人稱。即使亦有其他人稱的，但與第二人稱的比較，是不同形式，邏輯的性格也不同。較嚴重的困難是，我們並無一種方法，以營構出以「一個人」或非指某一特殊人稱的「你」為始的祈使語句。舉例來說，在祈使語態中，並無可以與「一個人在今日見不到很多有蓋雙座小馬車」的直陳語句與「一個人不應該說謊話」的價值判斷相類比的語句。

作者提出他的意見。倘若我們能夠營構真正的全稱祈使語句，它

們必須要是這樣：通過與適當的小前提相連結，我們可以由它們方面導出所有人稱和所有時式的祈使語句。作者以為，為了使祈使語態能營構出所有人稱和所有時式的語句，我們必須做一些充實的工作。

這種充實的工作，就對於上面所說的第一點理由或困難來說，我們可以把片語從一直陳語句（例如「你昨晚把門關起」）中抽取出來，把祈使的肯認部分加上去，而成一過去式的祈使語句。因而我們可以寫：

你在昨晚把門關起的事，請做吧。

我們甚至可以運用時刻來代替時式，而得出非時式的祈使語句。因而我們可以寫：

你在三月四日下午十一時把門關起的事，請做吧。

作者以為，這些做法，在形式方面，並無邏輯上的困難。

就對於第二點理由或困難來說，做法亦是一樣。即是，我們可從一直陳語句中取出它的包含人稱在內的片語的部分，然後把祈使的肯認部分放在它的後面。我們甚至可以把片語的部分從一全稱的直陳語句中抽出，加上祈使的肯認部分，而得一全稱的祈使語句。例如可取「所有騾子都是不孕的」一直陳語句為例，寫成：

所有騾子都是不孕的事，是的。

若寫成全稱祈使語句，則如：

所有騾子都是不孕的事，請（做）吧。

作者特別提醒說，這種全稱祈使語句與我們日常語言的祈使語句如「讓所有騾子都是不孕的」不同，後者只涉及未來的騾子，而前者則可涉及所有過去的、現在的、未來的騾子。

　　關於上面所說的任務的第三點，作者以為，我們可依下面的程序，以人為的「應該」，以代替片語與肯認部分的累贅的詞彙。例如「所有 P 是 Q」可化成「所有 P 是 Q 的事，是的」，再化成「所有 P 是 Q 的事，請做吧」，最後可寫成「所有 P 應該是 Q」。

　　作者以為，「應該」可以提供一種方式，以取代涉及一般情況的「一個人應該時常說真話」語句，使之變為全稱的，如：「所有被說的事應該是真的」。這人為的「應該」在用於被調整的祈使語態方面，成為人為的價值詞語的最簡單和最基本的概念。

　　總的來說，以人為的詞彙來代替價值詞語，在陳述意思方面，似無大問題。不過，價值詞語所表示的莊嚴態度與虔敬心情，便不易以人為的詞彙來顯露。這不單是道德方面的涵義，而且也是宗教的。關於這點，這裏不擬多作討論。

本　文

12.1　倘若我們現在進行如下的試驗，可能有助於弄清楚價值語言和祈使語態之間的關係：讓我們擬想我們的語言不包含任何價值詞語；讓我們問一下，一套以祈使語態的詞語和日常的邏輯的詞語來定義的新的人為的（artificial）詞彙，能填補這個因之而留下來的空隙到甚麼程度呢？換句話說，我們只運用祈使語態和以這種語態來定義的詞語，能全部地或部分地擔負那本來在日常的語言中以價值詞語──例如「好的」、「正當的」和「應該」──來擔負的工作麼？為了要盡量清楚地把我們的新的人為的語言與日常的價值語言對比起來，我將在兩方面都用同樣的詞語，但會在人為的詞語上方加上圓圈。我想清楚表示，我並不是在提議要對日常語言的價值詞語作一個詳盡的分析。它們在應用上是那樣充滿分歧，和在細微處有那樣大的彈性，因而任何人為的營構也不得不流於對它們曲解哩。我也不是在攪「還原主義」以犯過錯；這還原主義是那樣過分地流行，致成為那些專門狩獵異端的哲學人士的時尚的打靶了。即是說，我不是要以某一種語言的詞彙來分析另外一種語言，我是要展露出兩種語言之間的區別和相似點；方法是看看一種語言在擔負另一種語言的工作之前，要作一些甚麼調整，和調整後能擔負到甚麼程度。

　　我的程序會是這樣：首先我要表示，倘若我們能擔負「應該」的工作，我們亦能夠擔負「正當的」和「好的」的工作，這樣可把問題簡化開來。因為我會顯示出，混有「應該」的語句能代替包含其他那兩個詞語在內的語句。之後我會處理「應該」一

詞語。為了這點，我會研究，為了使那種日常的祈使語態成為可以達成我們的用意的工具，我們要對這些祈使語態做些甚麼。我會展示出，要如何調整那種祈使語態，俾能在其中營構出真正的全稱語句。之後我會通過這種被調整過的祈使語態，以定義一個「應該」概念；這概念會成為我的人為的價值詞語的最簡單和最基本的概念。倘若這是我們所意圖的對出現在日常語言中的「應該」、「正當的」和「好的」等詞語的分析，則這程序無疑是魯莽了；但我所用的圓圈可以重複地提醒讀者，這並不是我想做的。在前面的章節中我已說了有關這些詞語在日常語言中的邏輯的表現方面我可以說的。我目前的意圖是很不同的，它充滿試驗的意味。

12.2　首先我們必須看看，以日常的「應該」來定義的人為的「正當的」，能取代在日常語言中的「正當的」到何種程度。我不會考究「正當的」的所有用法，而只想考究那些似乎是最重要的用法。首先是我們說的「做某一事是不正當的」。這個形式有道德判斷和非道德判斷兩種。〔譯者案：若是道德判斷，可說為「正當的」；若是非道德判斷，則說為「適當的」較妥。〕我們可以說「這麼快便嘲弄鍾斯是不正當的，他剛死去，剩下他的妻子」，或說「史密夫剛玩過長時間的保齡球，安排他先擊球是不適當的」。這種用法時常是否定式的。不過，也有類似的肯定式的用法，如：「轉換話題是很適當的」和「給史密夫休息是適當的」。也可有這樣的用法：定冠詞（the）時常放在「正〔適〕當的」（right）之前，「正〔適〕當的」不是謂詞，卻與一個名詞連在一起；此中也有道德的與非道德的例子；我們可以

說「那個要做的適當的事原是轉換話題」或「魯賓遜是做那件事的那個適當的人（the right man）」。

現在倘若我們假定我們的語言中不包含有「正當的」一詞語，卻包含有「應該」一詞語，我們可以「應該」來定義一個人為的詞語「正當的」，去做「正當的」現在所做的事。這樣，對不同的用法，我們便要有不同的定義了；倘若我是一個很精細的人，我便要用不同的小字母來區別這些用法了，如寫「正當的₁」、「正當的₂」，等等。不過，我們目前還不必這樣做。我提議的定義方式如下。「做 A 事是（is）不正當的」意思即是「一個人不應該做 A 事」。「某甲做 A 事是（would）不正當的」意思即是「某甲不應該做 A 事」。「某甲做了 A 事是（was）不正當的」意思即是「某甲原不應該做 A 事」。「某甲做 A 事原是不正當的」意思即是「倘若某甲做了 A 事，他便做了他不應該做的」。這些例子足以顯出我們應該如何處理「正當的」的第一種用法。

第二種用法也是以同樣的方式來處理。「某甲做了 A 事是（was）正當的」意思即是「某甲做了 A 事，他做了他應該做的」。要注意此中有一種「正當的」的不同的用法，是不在上面所考究之內的，在這種用法中，它差不多是「沒有問題的」（all right）的意思。「某甲做 A 事是沒有問題的」不能轉成剛提出的那種方式；我們應該說「某甲做 A 事是沒有問題的」意思即是「某甲做了 A 事，他沒有做他不應該做的」。

第三種用法需要少許不同的處理。「那個正當的 A」（the right A）意思即是「那個應該（或原應該）被選出來的 A」。因此，「他是（或原是）做那事的適當的人」意思即是「他是那個

應該（或原應該）被選出來做那事的人」，而「那個要做的適當的事原是轉換話題」意思即是「他原應該轉換話題」。要注意的是，這裏有一複雜之點是我要忽視的，由於它與倫理學並無關連：「他原應該做 A 事」一表述式通常表示他未有做 A 事，不然的話，便是不適合的，除非實際上他未有做 A 事。若要對它作完的形式的分析，需要一個加添的子句來處理這個特點；但這裏我們不管它。

有時「被選出」一詞語需要補充，俾能得到完全的意思，這即是要給出比較的類別。因此，要把「他未有訪問那個適當的房子」以我們的人為的詞彙來翻譯，我們便要說「他未有訪問那個適當的房子」意思即是「他未有訪問那個他原應選出來訪問的房子」，而不是例如「他未有訪問那個他原應選出來用炸藥炸掉的房子」。我們可以安全地預定，倘若我們要盡力設法運用我的人為的「正當的」一詞語，則將不難就脈絡方面提供一個說者的意思，如我們就那自然的詞語「正當的」所做那樣。

我將不會詳細地研究「正當的」能足夠地代替「正當的」到甚麼程度。我的印象是，我們現在這樣做是很夠了。不過，堅持這種看法，以為任何人為的詞語時常可以精確地擔負一個自然的詞語所擔負的一切工作，而且只擔負這些工作，是荒謬的；我們的日常語言是那樣細微、富有彈性和複雜，並不易為這種即興的方式模擬的。

12.3 讓我們現在就「好的」來進行同樣的程序。對於我們的人為的「好的」一詞語的定義，要比「正當的」複雜得多，其理由如下。如不止一個倫理學方面的作者指出過，定義「好於」

一比較級遠較定義其簡單形式為容易。在這方面，「好的」像
「熱的」那樣。我們可以提出相當簡單和充足的標準，以決定 X
對象是否熱於 Y 對象；但倘若有人要我們提出精確的標準，以
說明一個對象是否熱的，我們便很難做了。我們所能做的是解釋
「熱於」的意思，然後說明倘若一個對象對於同類的對象，它熱
於慣常或一般，則它便可以說是熱的。這個解釋的後半部是極其
鬆散的；邏輯家還是不要管它的好，因為「熱的」是一個鬆散的
詞語。「好的」也基於相同的理由，是鬆散的——有一重要之點
要指出的是，如那個與「熱的」的類比所表示，這種鬆散性與
「好的」是一價值詞語一事實全無關連。「好的」當然有其他的
特性，那是由它作為一價值詞語這一性格所生起的，這些特性也
使它得到「鬆散」之名——譬如說，它的陳述的意思可以根據所
用的標準而有改變。但這方面卻與目前的問題沒有關連；因為就
後一意義來說，「好於」與「好的」同樣鬆散（倘若這是適當的
字眼的話）；但那種我現在正指涉及的鬆散性，只關連到簡單形
式，而不關連到比較形式。

　　讓我們試圖以「應該」來定義一個人為的「好於」的概念。
我們可提出下面的定義：「A 是好於 B 的 X」意思即是「倘若
一個人在選擇一個 X，則倘若他選擇 B，則他毋寧應該選擇
A」。由於這個定義是複雜的，故它的要點可能在開首時被忽略
掉。首先我們必須記取，一個條件的語句，只有在前項是真後項
是假時，才是假的。不管我們在關於真值函數地（truth-
functionally）定義「倘若」的可能性方面採用甚麼觀點，這都是
可以說的。舉例來說，假定一個學生要我在有關亞里斯多德的
「倫理學」的幾個課程方面，就各各的優點對他作一些建議。我

可能說「甲在『倫理學』方面的講課（就你的用意言）好於乙的」。現在我們要問，在甚麼條件之下我應該說我的學生未有採納我的建議呢？讓我們假定他時常做他認為應該做的事。倘若他聽甲的講課，而不聽乙的，他便是依從我的建議。即使他聽兩方面的講課，我仍不能責備他不理我的提議；因為他仍可認為甲的好於乙的。倘若他兩方面都不聽，情況也是一樣。只有在一種情況下我能責備他不接納我的提議：他聽乙的而不聽甲的；因為這表示，在一種他要在不同的「倫理學」的講課中作選擇，而選取了乙的講課的情況下，他並不認為他也應該聽甲的課；根據我的定義，倘若他認為甲的好於乙的，他是認為這樣的。

現在我想我們可以同意這樣定義的「好於」，相當足夠地能夠擔負「好於」在日常的語言中所擔負的工作了。但在道德的用法的情況，此中卻有一複雜之點，吸引到很多倫理學作者的注意，這也是「正當的」和「好的」兩詞語在道德的應用方面的區別的一個基本要素，這種區別很受到強調。[1]無疑地，說某一項行為是正當的並不即是說它是一項好的行為；因為，好的行為必須出自好的動機，而正當的行為只要應合某一原則便夠了，不管它是出自甚麼動機。因此，倘若我給我的裁縫付賬，希望他把錢用於酗酒方面，則我對他的做法仍是正當的，雖然這不是一項好的行為，因為我的動機是壞的。我們也可以說，說一個人做了一件不正當的事（原不是他應該做的），並不必是要責備他；因為他雖然做了不正當的事，他可能是出之最好的動機哩，或是由於

---

[1] 參考羅斯（David Ross）爵士的《正當的與好的》（*The Right and the Good*, pp.4ff.）。

受不住某種誘惑——即使他受不住誘惑，他也不應受責備的那種誘惑。我們可以用我對「好於」和「好的」的定義，把這個區別弄得遠較前此的為清楚。我們要稍為調整那個說明；因為倘若依該定義，「在那些情境下 A 是一好於 B 的行為」便只是「倘若一個人要在像這樣的情境下選擇要做甚麼，則倘若他選擇 B，他毋寧應該選擇 A」的意思。這樣，倘若這個定義被直接地應用，它便不會包含對於那行為所自出的動機的必然指涉了。因此我們必須間接地進行，和採取亞里斯多德的說法，說一項好的行為即是一個好的人會表現的那種行為。[2]這樣，根據我們的定義，我們可以界定一個好的人為：他是一個好於一般人的人；說甲是一個好於乙的人即等於說，倘若一個人在選擇要做哪一種人，倘若他選擇要做像乙那樣的人，他毋寧應該選擇要做像甲那樣的人；又由於甲是不同於乙的那種人，這歸結起來是說倘若我們選擇要做像甲或像乙那樣的人，則像甲的人應該是我們選擇要做的。

這個對於「好的行為」的有點複雜的定義可以較簡單地和粗略地解釋如下：當我們說及一項好的行為，我們是視這項行為為表示那個人的善的；當我們說及一個人的善，我們所想引導的那些選擇，基本上並不是那些和這個人處於相同情境（例如，由裁縫方面接到賬單的情境）的人的選擇，而是那些對自己發出「我應該做哪種人呢」的問題的人的選擇。我們是在一種道德的教育和性格營造的脈絡下談論好的人和好的行為，但卻在一種不同的脈絡下談論正當的行為，在這種脈絡下，我們論及在個別種類的情境中的義務，不管當事人的性格或動機是好是壞，這義務都是

2　*Nicomachean Ethics*, 1143[b]23.

可以實現的。倘若這便是我們如何應用「好的行為」的話，則「好的」一詞語，如我們所處理過的，很能表示那個自然的「好的」一詞語的這個特性。

　　我到目前為止的整個分析是非常粗略和易於獲得，即使是這樣，它也極之複雜和難以順其意思來了解。倘若我原先更精確地做這個分析，則它只有更為困難而已；我不知道如何把它弄得容易些。我只能希望我已給予讀者一個充足的意念，這意念是關於那種方式的：在「好的」和「正當的」由我們的語言中撤除開來的情況，我們可以運用「應該」一詞語來填補那個空缺。我的印象是，與舊的比較，雖然新的人為的詞語最初會顯得有點笨拙，不過，當我們要說我們現在以自然的詞語「好的」和「正當的」來說的東西，這些人為的詞語應是可應付的。

　　12.4　到目前為止，在我們的定義中，我們都在應用「應該」一自然的詞語。我們現在要研究一下，倘若我們不用這個詞語，是否可以將就一下以一個人為的「應該」概念來應付，這概念是以一種經充實了的祈使語態來定義的。我的這部分的分析很可能會引起人們的最大的懷疑。首先我們要表示我們要如何處理祈使語態，俾能在其中營構出真正的全稱語句；然後以這些真正的全稱祈使語句來定義「應該」，使它能表現「應該」的各方面的功能。

　　真正的全稱語句不能在祈使語態中被營構出來，其理由有兩方面。首先，除了一些明顯的例子外，這種語態是限於未來式的，但一個真正的全稱語句則要用到所有時式：過去的、現在的與未來的（例如，「所有騾子都是不孕的」倘若要是一個真正的

全稱語句的話，必須要能應用到世界歷史中的所有期間的所有騾子方面去；我們要能夠通過它與「祖兒是一只騾子」連合，導出「祖兒是不孕的」的語句來）。第二點，祈使語態多數出現於第二人稱；我們也有一些第一人稱的眾數的祈使語句，和一些第三人稱的單數和眾數的祈使語句；我們也有「讓我……」的形式，它是作為第一人稱的單數的祈使語句而用的。但這些人稱是與第二人稱不同的形式，其邏輯的性格也可能不同。較嚴重的是那個困難，即是，我們並無一種方法，以營構出以「一個人」或非指某一特殊人稱的「你」為始的祈使語句：在祈使語態中，並無可以與「一個人在今日見不到很多有蓋雙座小馬車」的直陳語句與「一個人不應該說謊話」的價值判斷相類比的語句。明顯地見到，倘若我們能夠營構真正的全稱祈使語句，它們必須要是這樣：通過與適當的小前提相連結，我們可以由它們方面導出所有人稱和所有時式的祈使語句。因此，為了我們的這些用意，祈使語態必須被充實起來，俾能營構出所有人稱和所有時式的語句。

　　通過產生一些在我們的語言中沒有用途的語句（例如過去式的祈使語句）來使語態充實起來的想法，很可能引致別人的疑慮。我們何以從來不命令事物在過去的時間中發生，那是很明顯的；因此我們可以說，一個過去式的祈使語句是沒有意義的。我無意否認這點，因為一個表述式倘若沒有可能的用途，在某一意味下，可以是無意義的；但無論如何，我們會見到，這些語句在我的分析中實在有一種作用，因此我必須要求讀者忍耐一下。這可能與虛數在數學中的應用成一個類比哩。價值判斷和日常語言的祈使語句之間的本質的區別最能在這點上清楚地被顯露出來。

不過，由於我的分析的用意是要把特異之點顯示出來，而不是要隱藏它們，故這不會在其中構成弊端。

12.5 為了要就時式與人稱方面充實祈使語態，我將運用一種由前面的討論導出的做法，這是在 2.1 節中有關祈使語句的構成的討論。此中我們見到，一個祈使語句像一個直陳語句那樣，包含兩種因素，我稱之為片語的和肯認的。片語的即是語句中共通於直陳和祈使語態的部分。因此，「你很快便要把門關起」與「把門關起」兩語句可以這樣地分析，俾能包含相同的片語部分；它們可分別寫成：

　　你在頃刻間把門關起的事，是的。

和

　　你在頃刻間把門關起的事，請做吧。

肯認部分即是決定語句的語態的部分。它是由上面所引的兩語句中的「是的」（直陳式）與「請做吧」（祈使式）表示出來。現在，一語句的時式表示亦歸於片語方面。但由於我們具有所有時式的直陳語句，因而亦必須具有所有時式的片語部分；因此我們可以把片語部分從一直陳語句中抽取出來，把祈使的肯認部分加上去，而成一過去式的祈使語句。因而我們可以寫：

　　你在昨晚把門關起的事，請做吧。

我們可以運用時刻以代替時式，這樣便可以有非時式的祈使語句了。因而我們可以寫：

　　你在三月四日下午十一點把門關起的事，請做吧。

因此，倘若對過去式的祈使語句的初始的厭惡感能夠克服，則在它們的形成方面，並無邏輯的困難。對於其他的時式來說，情況

都是一樣。

　　同樣的做法，可以使我們營構出任何人稱的祈使語句。我們所要做的，是從一直陳語句中取出它的包含人稱在內的片語部分，然後把祈使的肯認部分放在它的後面便行。我們也可以捨棄所有人稱代名詞，而代以專有名詞或確定的或不確定的摹狀詞。最後，倘若需要的話，我們可以把片語部分從一個真正的全稱直陳語句中抽取出來，把一個祈使的肯認部分放在它後面，而得到一真正的全稱祈使語句。我們可以取「所有騾子都是不孕的」一直陳語句為例而寫成：

　　　所有騾子都是不孕的事，是的。

真正的全稱祈使語句便可寫成：

　　　所有騾子都是不孕的事，請（做）吧。

這在意義上不同於「讓所有騾子都是不孕的」一日常語言的祈使語句之處在於，後者只能涉及未來的騾子，而前者則可涉及所有騾子，過去的、現在的和未來的。因此，倘若一只騾子在公元前二十三年有生育，這對於在公元一九五二年說的「讓所有騾子都是不孕的」一命令式來說，並不矛盾；但這對於在任何時間中說的一個真正的全稱命令式來說，則有矛盾；這對於我們的用意來說是重要的，因為行為可以與尚未說出來的「應該」原則相矛盾；這便是「原應該」一表述式的意味所在。

　　現在倘若我們以這種充實了的祈使語態來營構適當的真正的全稱語句，便可以看到，它們在意義上是接近價值判斷的。我們已經研究過日常語言的全稱祈使語句「不要以罪惡易罪惡來對待別人」，我們看到，倘若它被視為一真正的全稱語句，則在意思上粗略地等於「一個人應該不要以罪惡易罪惡來對待別人」。由

於它是出現在福音書中，我們便不能這樣看它，因為它是說給一群確定的人——耶穌的信徒——聽的，並不能應用到任何不是信徒的人方面去。對於祈使語句來說，情況一般來說也是一樣；它們有一限定的應用範圍。復次，「不要以罪惡易罪惡來對待別人」在應用方面，無可否認地是未來的。在這語句說出的那一時刻，倘若某人剛做完對一個敵人復仇的事，他亦不算不遵守這命令式。但在我們的調整過的祈使語態方面，我們可以營構一個具有完全的普遍性的原則，致一種任何人在任何時刻做的行為都會與它矛盾。一個道德原則或其他「應該」原則便是像這樣了。

　　現在讓我們撇開片語部分與肯認部分的累贅的詞彙，採用人為的詞語「應該」。這可以這樣定義：倘若我們取一真正的全稱直陳語句「所有 P 是 Q」，將之分開為片語部分與肯認部分，「所有 P 是 Q 的事，是的」，然後以祈使的肯認部分代替直陳的肯認部分，而成「所有 P 是 Q 的事，請做吧」，這樣，我們可以寫成「所有 P 應該是 Q」。

　　到目前為止，這定義只給出「應該」的意思，這「應該」是就它可能用來營構那種語句以滿足一般的「應該」原則或 10.3 節所涉及的 B 型語句的作用而言的。即是說，它提供一種方式，以取代像「倘若自動掣不靈，引擎不發動，便應該時常運用始發手掣」或「一個人應該時常說真話」一類語句。這些語句只需這樣修改，便能成為全稱的格式：「所有要發動汽車的引擎——自動掣不靈，它們不能發動——的做法，應該包含對始發手掣的應用」，和「所有被說的事應該是真的」。倘若「應該」是「應該」的適當的代換字眼，則這類型語句可以根據我的定義被提供出來。在另一方面，C 型和 D 型的語句，都是單稱的「應

該」語句，未來的和過去的，目前仍未能提供出來。對於它們的
分析是極端複雜的事，但我們可以提議下面的代換的做法：不寫
「你應該告訴他真相」，而寫「倘若你不告訴他真相，你便會違
背一個我特此同意的一般性的『應該』原則」。同樣，我們可不
寫「你原應該告訴他真相」，而寫「你沒有告訴他真相，違背了
一個我特此同意的一般性的『應該』原則」。我們可以較形式地
寫成「此中最低限度有一個 P 的值和一個 Q 的值，並且(一)所
有 P 應該是 Q 和(二)你沒有告訴他真相的事會是（或已是）一
個 P 不是 Q 的情況」。此中，倘若「應該」是「應該」的適當
的代換字眼，則 C 型和 D 型語句亦會為我的定義所涵蓋。

　　在進行這種比較方面，首先要指出的是，我所定義的「應
該」具有一重要的特性，這是那個自然的詞語「應該」也具有
的，這把它們兩者從單純的祈使語句區分開來。這種特性是由於
這個事實：有「應該」與「應該」出現的語句時常是（或最低限
度時常依於）真正的全稱語句。有些人有時強調「應該」語句的
邏輯在某個意味來說是三種語值的（即是說，排中律不能用到它
們方面）；倘若我否定某甲應該做 A 事，這並不表示我邏輯地
要肯認某甲不應該做 A 事。可能是這樣，某甲是否做 A 事是無
所謂的，因此便可能不能夠去肯認他應該做 A 事或他不應該做
A 事。在亞里斯多德邏輯的傳統中，所有全稱語句都具有這一特
性，這遠早於三種語值的邏輯的想法了，如一般所了解那樣。
「所有 P 是 Q」與「所有 P 不是 Q」並不是矛盾的，而是不相
容（contraries）；因此倘若我們否定所有 P 是 Q，我們並不必強
要自己肯認沒有 P 是 Q；因為有些 P 可能是 Q，有些不是哩。
這裏我們不必討論說及一個三種語值的邏輯是否敘述全稱語句的

這種特性的最佳方式。但在這方面，在「應該」語句與全稱語句之間的相似性卻支持了我的定義。

12.6 我們現在要問「應該」是否「應該」的一完全的代換詞語——我們是否可以通過它的幫助來擔負我們在日常語言中以後者來擔負的所有工作。這些工作可以分成兩類：首先是那些真正估值的或規範的，其次是那些陳述的。其中，我們會發現，前者是充足地由「應該」來完成，後者則不是，如沒有進一步的定義故沒有那麼近便。我們在上面見到，「應該」的估值的用法即是那些涵蘊單稱的祈使語句的用法。就我所定義的「應該」顯然能夠滿足這個功能。這意味著它可以用來表現「應該」的所有那些東西，主要包含道德的或任何其他教誨或建議方面的功能。因此，倘若我們運用「應該」語句來教導一個人駕駛汽車，他會清楚地和有效地被指導，一如我們運用日常語言的「應該」語句那樣。他被通過這種方式教導後，便會知道，在我們的指導所概括的各種情境方面，他要怎樣做。在道德的教導方面，情況也是一樣，不管它是父親教導子女的那種，或是偉大的道德改革家如佛陀或耶穌所宣示的那種。前者與後者兩方面的導師時常運用祈使語句，而不運用「應該」語句，這一事實支持了我所說的。我們已考究過「不要以罪惡易罪惡來對待別人」；而父親們也常說像「你如必須要打架，便跟與你同樣大小的人打吧，不要打你的小妹妹」的話。這種說話的用意顯然是道德的。

在另一方面，就我所定義的「應該」，可能不能那樣充分地表現「應該」一詞語在日常語言中所具有的陳述的功能。讓我們研究上面一章的一個例子。假定我說「在那個他原應該到達來看

表演的時刻,他卻匍匐在他的車底,在五哩以外哩」。我們看到,這基本上不是告訴人們一個人應該在甚麼時間來到看表演的地方的一種方式;這是給予他們有關那個被指涉的人在某一時刻中正在做甚麼的消息的一種方式;對於那些知道一個人應該在甚麼時間來到看表演的地方的人來說,這個時刻是甚麼,是馬上明顯的;而他們是知道這點的,因為人人都同意一個人應該(估值義)在稍早於表演開始的時間來到。因此,由於人人都同意一個個別的估值,因而有「應該」的第二種應用,這即是用來給予消息。就我到目前為止對「應該」的定義來說,並未有提供它這第二種應用。無疑地,倘若把包含在「應該」中的祈使語句視為假言的不是不自然的做法的話,如現在的情況,則在 3.2 節中的考究或許能幫助我們;因為假言的祈使語句在某意義下是陳述的,而大前提是已提供的或隱含的。但這不能涵蓋所有的情況。不過,這問題的一個解決方法被提出來,倘若我們利用上面(7.5)已涉及過的「引號」的技術的話。我們可把語句重寫為「在多數的人(包括我自己在內)會同意說『他原應該到達來看表演』的時刻,他卻……」。這在表面看來是一直陳語句,因為那涵蘊祈使語句的「應該」是在引號之內;那祈使語句未有被應用,只是被提及。

要指出一有趣之點,這即是在這個「多數的人(包括我自己在內)會同意」的表述式與那個應用於上面的和有相當估值性的例子中的「我特此同意的」的表述式(12.4)之間的區別。倘若我說「我特此同意某一原則」,這幾乎是等於實際上宣布那原則了。「特此同意」的字眼消去了引號,正如「我特此應承,我會服從、服侍、愛護,等等」在婚禮中具有與「我會服從、服侍、

愛護，等等」相同的力量那樣。因此，在「倘若你不告訴他真相，你便會違背一個我特此同意的『應該』原則」（我以「應該」代替原來的「應該」）一語句中，有一活潑的祈使要素。但在「在多數的人（包括我自己在內）會同意說『他原應該到達來看表演』的時刻，他卻……」一語句中，這個祈使要素雖未有死去，卻是垂死了。

它並沒有死去，因為在「我特此同意」與「我會同意」之間的區別只是程度上的；因此在說我會同意他原應該到達方面，我即以一種方式說他原應該到達。我這樣說，是否應被視為基本上有傳達消息的意向，抑或是估值的意向，是非常微妙的問題。因此，通過這個另外的定義，我們成功地給予「應該」在估值的和陳述的用法間的一些伸縮性，這伸縮性，「應該」在日常的語言中也是有的。可以這樣假想，倘若我們突然失去對日常的價值詞語的應用，我們可以及時應用我提出的代換的價值詞語，與應用舊的同樣精細。我所製造的工具可能使人有粗糙的感覺，但用起來可能變得更方便哩。

另外可能有一種反對意見，那是針對「應該」作為「應該」的代換詞語而提出的。有人可能說，「應該」語句可能缺乏那種在日常語言中與「應該」語句連在一起的「權威性」。當我用「應該」，我是應該只告訴人們表現某種行為的；但在日常語言中，當我說他們應該表現某種行為時，並不只是我對他們的說話；我是訴諸一個在某意義下是存在於那處的原則；如道德哲學家不斷提出的，它是客觀的。這裏我們不能詳細重申我屢屢說過的東西──道德判斷不能夠只是有關事實的述句，並且倘若它們只是有關事實的述句的話，它們便不能擔負它們實際上要擔負的

工作，或不能具有它們實際上具有的邏輯的特性。換句話說，道德哲學家是不能同時取這兩種方式的；他們必須認許在道德判斷中的不可還原的規範的因素，或必須容許如他們所解釋的道德判斷並不如一般所了解為明顯地引導行為那樣引導行為。這裏我們只要指出這點便足夠了：我所謂的和道德判斷所獲得的陳述的力量，通過對它們立足於其上的原則的一般的接受，已經很可解釋我們所具有的那個感覺了——這個感覺是，當我們訴諸一個道德原則，我們是訴諸某種已經存在於那裏的東西。在某個意味下，它實在存在於那裏，倘若我們的無數世代的父親和祖父全都同意歸向於它，和沒有人能夠違背它而沒有一種內疚的感覺——這感覺是由多年的教育孕育出來的——的話。倘若每一個人都能以完全的信心同意某種行為是不應該做的話，則在說它不應該做方面，我是真正以一種不是我自己所具有的權威性來說的。而「我以權威性來說」的這一種知識——「我只需要同意一個已經確立好的原則」的這一種知識——在某意義下實是一種有關事實的知識。但無論如何，我們必須小心地把在判斷中的兩種要素區分開來。那個原則是已經確立好了（即是，人人都同意它），和倘若我違背了它便有內疚的感覺，這都是事實；但當我同意那個原則，我則不是陳述一個事實，而是作出一道德的決定。即使我作出這道德的決定——即使我在自動的情況下（by default）只是接受它，而沒有想到我依之而被撫養成長的標準，但無論如何，在一重要的意味下，我是在使自己對那判斷負責。這意味著，倘若它是一估值的判斷，我便不能視之為被給予的。如康德所表示的，真正是道德性的判斷，必須立根於「意志所具有的作為自己的規律的性質（獨立於屬於意志的對象的每一性質

之外）」。³

　　在結論方面，我要求讀者重溫本書第一部分末尾所說的。在那處，我們問及，以哪種推理和由哪些前提我們能夠得到對於「我應做甚麼？」一問題的答案。我敘述了道德的原則——這樣的推理必須立根於其上——是如何建立起來的；我說過「應該」語句可以表述這種原則，便這樣作結：「要在道德上變得成熟，……便要學習怎樣運用『應該』的語句，這又要了解到必須指涉到一個標準或一組原則，才能檢證這些語句。這個標準或一組原則是我們通過自己的決定接受下來和使之成為我們自己的所有。」因此我們現在已臻於這樣的地步：我們可以清楚地見到在本書第二和第三部分對於價值詞語的邏輯的討論如何與第一部分對於祈使語態的討論關連起來。倘若我剛才草擬的對於「應該」的分析與「應該」在日常語言的用法有任何密切關連的話，這顯示出道德判斷如何提供理由，使人這樣做而不那樣做的情況。我認為這種顯示是倫理學探究的主要用意之一。

3　*Groundwork of the Metaphysic of Morals*, tr. H. J. Paton, p. 108.

國家圖書館出版品預行編目資料

分析的道德之語言之研究
：以赫爾的《道德之語言》為對象

吳汝鈞提要與評論；吳汝鈞、韋漢傑翻譯
. – 初版. – 臺北市：臺灣學生，2019.04
面；公分

ISBN 978-957-15-1796-4 (平裝)

1. 赫爾(Hare, Richard Mervyn, 1919-)　2. 學術思想
3. 倫理學
190　　　　　　　　　　　　　　　　　　　108004395

分析的道德之語言之研究
：以赫爾的《道德之語言》為對象

提要與評論　吳汝鈞
翻　譯　者　吳汝鈞、韋漢傑
出　版　者　臺灣學生書局有限公司
發　行　人　楊雲龍
發　行　所　臺灣學生書局有限公司
地　　　址　臺北市和平東路一段 75 巷 11 號
劃　撥　帳　號　00024668
電　　　話　(02)23928185
傳　　　眞　(02)23928105
E - m a i l　student.book@msa.hinet.net
網　　　址　www.studentbook.com.tw
登記證字號　行政院新聞局局版北市業字第玖捌壹號
定　　　價　新臺幣三五〇元
出版日期　二〇一九年四月初版
I S B N　978-957-15-1796-4